STEVAN PAUL

DIE AM LIEBSTEN

jeden Tag einfach lecker VEGGIE KÜCHE

FOTOS: GÜNTER BEER

Die veganen Rezepte sind mit dem Symbol 🍃 gekennzeichnet und auch über das Register schnell zu finden.

Was aus dem kühlen Norden kommt, heizt ein. Und von dort stammen auch echte Wirtshausklassiker, die für manchen aus nördlichen Gefilden eher schon wieder südlich anmuten, etwa Sauerkraut-Knödel oder Pilz-Kaiserschmarren. Doch egal ob aus dem »Nordennorden« oder aus der Gebirgsküche – für mich zählt vor allem eins: der starke Seelenwärmer-Faktor.

Die Reise geht entlang der Mittelmeerküste, im Gepäck unter anderem jede Menge knackiges Gemüse, das reichlich Sonne getankt hat, ein großer Pasta-Vorrat und mindestens ein Stück würziger Käse. Mein Tipp: Unterwegs nicht alles aufbrauchen! Polenta-Käse-Schnitten, Ofen-Ratatouille, Paella-Risotto und Spaghetti mit Belugalinsen verlängern den Urlaub immerhin kulinarisch …

Ein riesiger Kontinent mit schier unzähligen völlig unterschiedlichen Nationalküchen tut sich auf … Wie gut, dass man nicht gleich den halben Asienladen leerkaufen muss, um asiatisch zu kochen: Mir reichen ein paar typische Aromaspender wie ein Fläschchen Sojasauce, eine Ingwerknolle oder ein Tütchen Sesamsamen erst einmal aus, wenn ich Hunger auf Asien habe.

Die bunte Gewürzvielfalt auf einem Basar in Marokko – für mich am Herd immer wieder Quelle neuer Ideen: Wie seicht kann man sich eine Ahnung vom Orient erkochen, indem man ein altbekanntes Heimatgericht einfach mal orientalisch abschmeckt. Unglaublich (lecker), was so aus einem Veggie-Gulasch oder Linseneintopf werden kann!

Let's go veggie
around the world!

Liebe Leserinnen, liebe Leser,

am Anfang dieser kulinarischen Geschmacksweltreise stand die Freude am Blick in fremde Töpfe. Dieses Buch versammelt meine vegetarischen Lieblingsrezepte – inspiriert von den Küchen der Welt: Von der rustikalen Alpenküche und regionalen Schmankerln über mediterrane Genüsse bis hin zur asiatisch-orientalischen Gewürzküche reicht die Vielfalt. Sortiert habe ich die Rezepte nach der Weltregion, aus der die Anregung stammt.

Ob schnelle Alltagsküche oder raffinierte Rezepte für Gäste: Alle Gerichte bieten reichhaltige Kombinationen aus viel frischem Gemüse, Kohlenhydraten sowie pflanzlichen Proteinen aus Nüssen, Hülsenfrüchten und Milchprodukten. Ich zeige Ihnen auch, wie Sie die wichtigen Proteinlieferanten Tofu, Seitan und Tempeh köstlich zubereiten. 35 Rezepte erfüllen den veganen Anspruch. Sie sind mit dem Symbol markiert und auch im Register schnell zu finden.

Insgesamt 100 vollständige herzhafte Hauptmahlzeiten – da werden sogar Männer satt! Zu beinahe jedem Rezept finden Sie zudem Koch- und Einkaufstipps sowie Vorschläge für Variationen. In der Summe werden so noch mehr Gerichte und Geschmackserlebnisse daraus – und damit eine vegetarische Am-liebsten-jeden-Tag-Küche, in der es an nichts fehlt.

Ich wünsche Ihnen guten Appetit auf unserer vegetarischen Weltreise!

Ihr

Stevan Paul

Das VEGGIE Eiweiß 3 x 1

Klein, aber oho:

Hülsenfrüchte

Die gesunden Nährstoffbömbchen enthalten Mineral- und Ballaststoffe, Eisen und B-Vitamine und liefern mit Kohlenhydraten viel Energie. Aber insbesondere bieten sie reichlich Eiweiß! Gerade das macht sie in der Veggie-Küche unverzichtbar.

Schwarz, rot ... weiß

Weiße Bohnen sind mild im Geschmack; rote und schwarze schmecken würziger, sind aber auch etwas mehliger. Alle drei Sorten gibt's fertig gegart in der Dose oder in getrockneter Form zu kaufen. Trockenbohnen sollten Sie vor dem Kochen in reichlich kaltem Wasser einweichen – am besten über Nacht. Warum? Es verkürzt die Garzeit. Das nährstoffreiche Einweichwasser können Sie beim Kochen von Suppen oder Eintöpfen übrigens mitverwenden.

Linsen: schön schnell!

Ob Teller- oder Berglinsen, ob braun oder schwarz: Weil sie so klein und daher schnell gar sind, muss man Linsen meist nicht einweichen. (Lesen Sie zur Sicherheit aber die Angaben auf der Packung.) Die Superstars unter den schnellen Eiweiß-»Ufos«: rote, gelbe und Belugalinsen – extra mini, extra fix gegart.

Kugelrund und gesund

Mark-, Pal- und Zuckererbsen sind hierzulande die wichtigsten Sorten. In der Erntesaison von Juni bis September bekommt man auch die ganzen Schoten im Laden. Dann kann man die grünen Powerkugeln selbst daraus befreien: Palen nennt sich das auf Küchendeutsch. Merke: 500 g Erbsenschoten ergeben ca. 200 g Erbsen – superappetitlich, superfrisch.

Grün und gelb vom Feld: Bohnen

Nicht nur die Kerne sind essbar, sondern meist die ganze Schote – beste Beispiele: gelbe, fein-buttrige Wachsbohnen und herzhaftere grüne Bohnen samt zig Unterarten wie Brechbohnen, Prinzessbohnen, Keniabohnen und Schnippelbohnen. Für sie alle gilt: Vor dem Verzehr bitte garen oder dämpfen, denn neben wertvollen Mineral- und Ballaststoffen enthalten die rohen Schoten auch das Eiweiß Phasin, das Magen- und Darmbeschwerden verursacht. Apropos Kochen: Etwas frisches oder getrocknetes Bohnenkraut, mitgekocht oder aufs Essen gestreut, unterstützt den Eigengeschmack der Bohnen.

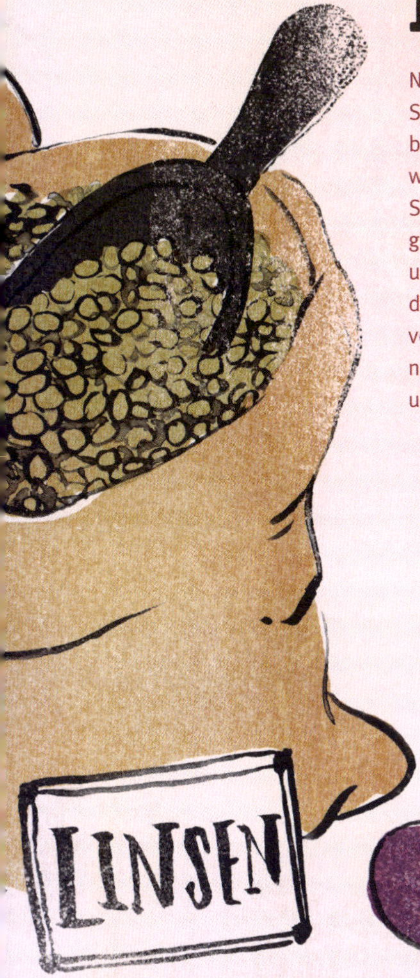

Die richtige Würze macht's

Getrocknete Hülsenfrüchte besser erst nach dem Kochen würzen, denn Salz und Säure verlängern die Garzeit. Vom Geschmack her lieben sie es kräftig und gehen gerne mit Kräutern wie Thymian, Bohnenkraut und Majoran zusammen. (Kreuz)Kümmel, Fenchel und Anis machen Linsen, Bohnen & Co. bekömmlicher. Etwas Weißwein, Apfelessig oder Zitronensaft sorgen für einen schönen Kontrast zum nussigen Aroma.

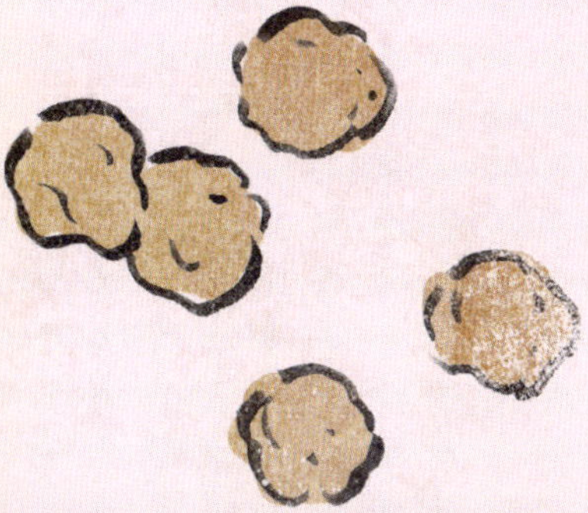

Erbsen zum Kichern

Nicht einer darin versteckten Lachdroge verdankt die Kichererbse ihren Namen, sondern schlicht der Sprachentwicklung: Aus lateinisch *cicer* wurde im Althochdeutschen *kihhira,* was sich dann zu *Kicher* verschliffen hat. Gute Laune machen sie trotzdem – wegen ihres tollen Geschmacks!

Asien-Import: Veggie-Fleisch

Diese Soja- und Weizenerzeugnisse sind nicht nur eiweißreicher Fleischersatz, sondern bewährte Bestandteile der asiatischen Esskultur mit teilweise jahrhundertealter Tradition. Trotzdem super: Sie lassen sich gerne auch mal wie Fleisch zubereiten …

Dauerbrenner: Tofu

Vereinfacht gesagt ist Tofu nichts anderes als geronnene Sojamilch: *To* steht im Chinesischen für Bohne, *Fu* für Gerinnen. Unterschiedlich starkes Pressen macht aus dem Sojaquark verschiedene Sorten: Zarter Seidentofu zum Beispiel enthält so viel Flüssigkeit, dass er sich zu veganer Sahne pürieren lässt. Schnittfester Natur- und Räuchertofu hingegen ist perfekt zum Braten, Frittieren, Schmoren, Kochen und Dämpfen.

Tempeh: das Sojabrot →

Ähnlich wie Tofu wird Tempeh (seine Form erinnert an einen Brotlaib, daher sein Spitzname »Sojabrot«) aus geronnener Sojamilch hergestellt, die man nach dem Pressen mit Edelpilzen impft. Der Pilz sorgt für eine Portion Vitamin B_{12} – und für viel Geschmack, der ein bisschen an Camembert erinnert. Wegen seiner festen Konsistenz ist Tempeh in der Küche ein Allrounder: Es eignet sich zum Braten, Backen, Schmoren und Frittieren. Vorher das Tempeh 15 Min. kochen – gerne mit einem Stück Kombu-Alge und etwas Sojasauce im Kochwasser –, dabei wird es weich und tankt Würze.

Seitan …

… gilt als Erfindung aus buddhistischen Klöstern. Es ist ein gekochter Teig aus Weizeneiweiß – klingt unlecker, entpuppt sich in der Veggie-Küche aber als Superfood, das sich zum Braten, Backen, Schmoren und Frittieren eignet. Dazu macht es seine grobporige Konsistenz zu einem genialen Geschmacksträger, der Saucen und Gewürze aufsaugt wie ein Schwamm.

Nach dem Einkauf schnell in die Kühlung

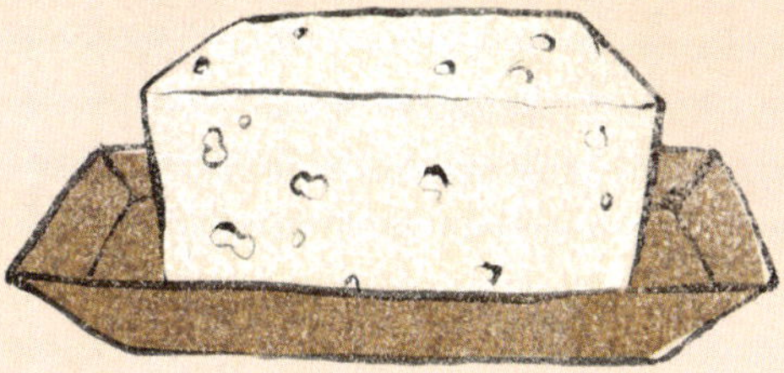

Ob Tofu, Seitan oder Tempeh – fündig werden Sie im Bioladen oder gut sortierten Supermarkt im Kühlregal. Leider ist Tempeh bei uns noch nicht so verbreitet wie seine beiden »Artgenossen«; machen Sie daher einen Abstecher in einen Asienladen, wo man ihn notfalls vorbestellen kann. Alle drei Produkte sind leicht verderblich. Achten Sie also beim Kauf aufs Haltbarkeitsdatum.

Blitzschnell und fein: Tofunaise

1/2 Knoblauchzehe mit **250 g Seidentofu** und **2 EL Olivenöl** in einem Mixbecher mit dem Pürierstab fein pürieren. Die Tofunaise mit **Salz, Pfeffer** und **1 Spritzer Zitronensaft oder Weißweinessig** abschmecken. Schmeckt zu und in allem, was sonst mit »normaler« Mayonnaise daherkommt. Und ist viel länger haltbar, weil die Tofunaise völlig ohne Ei auskommt!

Zugabe: Soja kann noch mehr

Sicher nicht jedermanns Sache, aber wer als Vegetarier auf Buletten nicht verzichten mag, kann nicht ohne: Sojagranulat. Dafür werden Sojabohnen geröstet, zu Mehl vermahlen, dann entfettet und schließlich durch einen Extrusion genannten Vorgang wieder »aufgepufft«. Bevor man das feine oder gröbere Granulat zu Frikadellen formt oder als Ragout zubereitet, weicht man es in Wasser ein.

Bitte von glücklichen Kühen:

Milchprodukte

Ob vegetarisch oder nicht: Mit einem Schuss Sahne oder einem Eckchen Käse schmeckt so manches noch eine Ecke besser. Es ist und bleibt eben so: Fett ist der Geschmacksträger schlechthin.

Süße Sahne

Der fetthaltigste Teil der frischen Rohmilch, die Sahne, sammelt sich von selbst an der Oberfläche. Man sagt: Die Milch rahmt auf. Daher auch der österreichische Name »Obers«. In der Molkerei wird heute stattdessen meist zentrifugiert. Weil sie nicht wie Crème fraîche oder saure Sahne gesäuert ist, zählt Sahne zu den Süßrahmprodukten. Diese sind – der Name verrät's – perfekt zum sanft-süßlichen Abrunden zum Beispiel von Saucen.

Zum Löffeln gut: Joghurt

Joghurt entsteht durch Milchsäuregärung. Dabei »bearbeiten« Bakterien die Milch und wandeln einen Teil des Milchzuckers in Milchsäure um. Diese lässt Joghurt nicht nur frisch und leicht säuerlich schmecken, sondern sorgt auch für seine halbfeste Konsistenz: Milchsäure lässt das Eiweiß der Milch feinflockig gerinnen.

Crème fraîche & saure Sahne

Wird Sahne (siehe oben) mit Bakterienkulturen gesäuert, heißt das Endprodukt zum Beispiel saure Sahne mit 10–15 % Fett. Auf die gleiche Art entsteht Crème fraîche; nur ist sie dicker und cremiger und enthält mindestens 30 % Fett. Schmand liegt mit rund 20 % Fett dazwischen.

Frischkäse und Mozzarella

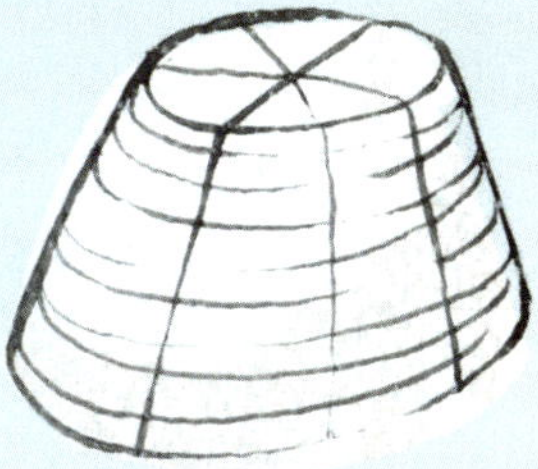

Frischkäse nennt man jungen, ungereiften Sauermilchkäse. Auch Ricotta, Quark, Mascarpone und Hüttenkäse gehören zu dieser Familie, ebenso Mozzarella aus Büffel- oder Kuhmilch. Dieser wird nach einer Reifung von nur 1–3 Tagen mit 80° heißem Wasser überbrüht, geknetet und geformt. Im kalten Wasserbad erstarrt der Käse und wird dann in Molke oder Salzlake eingelegt. Ebenfalls ein Brühkäse ist der birnenförmige, an der Luft getrocknete Scamorza. Er ist von festerer Konsistenz und leicht gesalzen oder zusätzlich über Buchenholz geräuchert.

Ja oder nein zu Parmesan?

Der Hartkäse-Klassiker aus der Emilia-Romagna und der Provinz Parma (ital. *Parmigiano* = der aus Parma) ist besonders kräftig und würzig. Man kann ihn beinahe wie Salz verwenden, und in vielen Gerichten ist er das geschmackliche i-Tüpfelchen. Aber: Er wird ausschließlich auf traditionelle Art mit tierischem Lab hergestellt. Manche (Teilzeit-)Vegetarier finden's nicht schlimm – andere graust es allein bei der Vorstellung. Zum Glück gibt es Alternativen mit mikrobiell hergestelltem Lab, beispielsweise den parmesanähnlichen Montello.

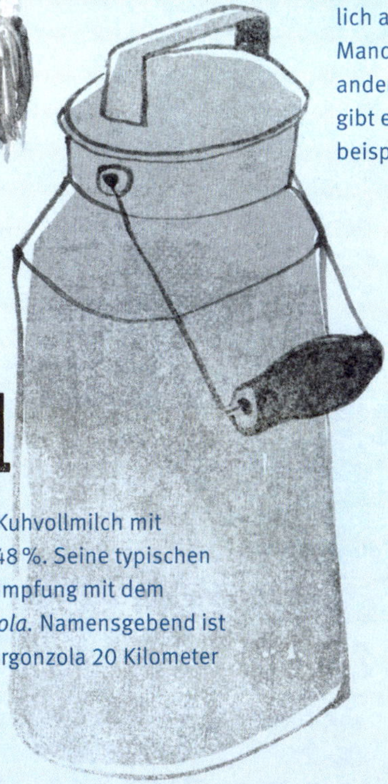

Einfach blau

Gorgonzola ist ein Weichkäse aus Kuhvollmilch mit einem Fettgehalt von mindestens 48 %. Seine typischen graublauen Adern verdankt er der Impfung mit dem Schimmelpilz *Penicillium Gorgonzola*. Namensgebend ist seine italienische Geburtsstadt Gorgonzola 20 Kilometer nordöstlich von Mailand.

Von Schafen und Ziegen

Käse aus Schafs- und/oder Ziegenmilch ist oft viel kräftiger und würziger als Kuhmilchkäse: Entweder man liebt den Geschmack – oder nicht. Es gibt viele Sorten in den unterschiedlichsten Reifegraden vom Frischkäse bis hin zum kräftig würzigen Weich- und Hartkäse.

SOJA

Rezepte around the WORLD

Der coole NORDEN

…HAT EIN HEISSES HERZ UND WÄRMT DIE SEELE: MIT ECHTEN LIEBLINGSGERICHTEN AUS DER NORDISCHEN HEIMAT- UND GEBIRGSKÜCHE.

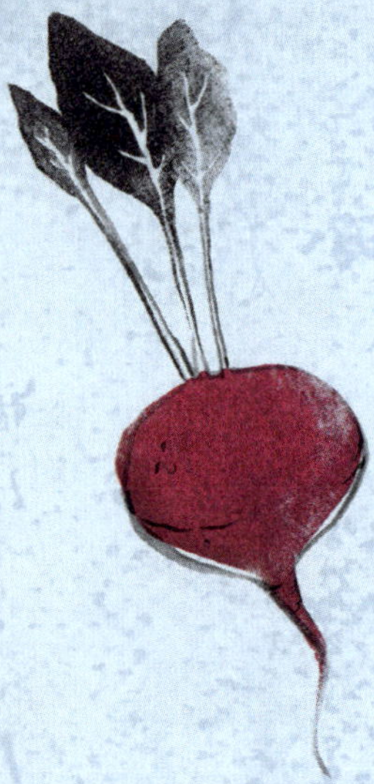

So schmeckt der coole Norden

Kohl, Zwiebeln, Pilze – ohne sie wäre die nordische Hütten- und Heimatküche undenkbar, ob mit Fleisch oder ohne. Großes Plus: Mit diesen Geschmacksboostern kommt ein Verdacht fader Grünkost gar nicht erst auf…

1 Kartoffeln

In der Küche des Nordens nicht nur eine Zutat, sondern ein Grundrecht: Linda, Sieglinde, Maja, Adretta und Quarta heißen die erdigen Schönheiten, aus denen Gratin, Püree, Rösti und vieles mehr gemacht werden.

2 Kohl

Auch eine große Nord-Liebe… Ob milder Spitzkohl, süßlicher Rotkohl oder würziger Wirsing – viele Kohlsorten werden das ganze Jahr über geerntet. Kaufen Sie nur frisch glänzende Kohlköpfe; auch Wirsingköpfe müssen fest geschlossen, nur die Hüllblätter dürfen lose sein.

3 Sauerkraut

… ist fein gehobelter Weiß- oder Spitzkohl, der eingesalzen eine Michsäuregärung durchmacht und dabei würzig-sauer fermentiert. Dabei werden Kohlenhydrate in Milch- und Essigsäure umgewandelt. Beliebt ist das Kraut nicht nur als Beilage, es macht auch Suppen und Eintöpfe würzig.

4 Rote Bete

… genannt auch Rote Rüben, sind eines der beliebtesten Erdgemüse. Tiefwürzig im Aroma schmecken die Knollen gekocht in Suppe oder Eintopf, roh geraspelt als Salat oder im Ganzen auf Salz gebacken. Mit Kümmel gehen die Knollen gerne eine innige Beziehung ein.

5 Zwiebeln

Kaum ein Gericht ohne sie, und doch oft unterschätzt! Sie sind nicht nur Würzbasis vieler Rezepte; die nordische Küche gibt ihnen gerne auch mal die Hauptrolle – etwa in der Suppe oder auf frischem Flammkuchen, als frittierte Knusperringe oder karamellisiertes Gemüse.

6 Pilze

Steinpilze, Pfifferlinge, Champignons & Co. bringen Aroma, Geschmack und auch ein »fleischiges« Mundgefühl in die vegetarische Hüttenküche. Getrocknet aromatisieren die Hutträger Eintöpfe, Suppen, Saucen und Fonds. Zuchtpilze wie Champignons und Austernpilze sind rund ums Jahr zu haben.

Zwiebel-Lauch-Kuchen

mit Romanasalat

Der knusprige Kuchen vom Blech verdankt sein besonderes Aroma dem Scamorza, einem leicht gesalzenen Räucherkäse, der mit dem Mozzarella verwandt ist. Charakteristisch sind seine Birnenform, das vornehme Raucharoma und die gute Schmelzfähigkeit.

FÜR 2–4 PERSONEN
Zubereitungszeit: ca. 50 Min.
Bei 4 Portionen jeweils: ca. 695 kcal, 17 g EW, 54 g F, 30 g KH

3 rote Zwiebeln
1 Stange Lauch
8 EL Olivenöl
1 TL Kümmelsamen
3 Prisen Zucker
125 ml trockener Weißwein (ersatzweise Gemüsebrühe)
Salz | Pfeffer
1 Rolle frischer Blätterteig (270 g; aus dem Kühlregal)
1 Ei (Größe M)
50 g Sahne
200 g Scamorza (ital. Räucherkäse)
1 EL Weißweinessig
1 TL körniger Senf
2 Romanasalatherzen

Außerdem:
Backpapier für das Blech

1 Für den Belag die Zwiebeln schälen, den Lauch waschen und putzen. Beides in schmale Ringe schneiden. In einer Pfanne 4 EL Olivenöl erhitzen, Zwiebeln und Lauch darin bei mittlerer Hitze ca. 4 Min. braten; dabei mehrmals wenden. Kümmel und 1 Prise Zucker unterrühren und alles 1 Min. weiterbraten.

2 Das Zwiebelgemüse mit dem Wein ablöschen und weiterschmoren, bis er verdampft ist. Mit Salz, Pfeffer und noch 1 Prise Zucker würzen. Vom Herd nehmen und in einer Schüssel abkühlen lassen.

3 Den Backofen auf 220° vorheizen. Ein Blech mit Backpapier belegen und den Teig darauf entrollen. Rundherum den Teig zu einem kleinen Rand umklappen und mit den Fingern festdrücken. Den Teigboden mit einer Gabel mehrmals einstechen. Ei und Sahne miteinander glatt verquirlen und unter den Pfanneninhalt mischen. Mit Salz und Pfeffer abschmecken.

4 Den Käse in Scheiben schneiden und mit den größeren den Teigboden belegen. Darauf die Zwiebel-Lauch-Masse verteilen und mit den kleineren Käsescheiben belegen. Im heißen Ofen (unten) ca. 12 Min. backen. Dann auf der mittleren Schiene in weiteren 6–8 Min. goldbraun backen.

5 Inzwischen den Weinessig mit Senf und übrigem Olivenöl zu einer Vinaigrette verrühren. Mit Salz, Pfeffer und 1 guten Prise Zucker kräftig würzen. Die Salatherzen putzen, in einzelne Blätter teilen, waschen, trocken schleudern und mit der Vinaigrette vermengen. Den Salat zum Blechkuchen servieren.

MEINE TAUSCH- UND AROMATIPPS

*Statt Scamorza können Sie auch **Mozzarella** verwenden oder eine würzige Variante mit **Raclettekäse** oder **Gorgonzola** ausprobieren.*
*Eine fruchtige Note bekommt der Kuchen, wenn Sie zusätzlich **1 kleinen Apfel** oder **1 Birne** würfeln und unter die Zwiebeln mischen.*

Dreierlei-Zwiebel-Suppe mit Crostini

FÜR 4 PERSONEN
Zubereitungszeit: ca. 1 Std.
Pro Portion: ca. 575 kcal,
19 g EW, 25 g F, 58 g KH

2 Gemüsezwiebeln
2 rote Zwiebeln
1–2 Knoblauchzehen
6 EL Olivenöl
1/2 TL Kümmelsamen
250 ml trockener Weißwein (ersatzweise Gemüsebrühe)
1 l Gemüsebrühe (s. Grundrezept S. 24 oder Instant)
1 Dose Kidneybohnen (Abtropfgewicht 255 g)
100 g Gruyère am Stück
1 Bund glatte Petersilie
1 kleines Baguette
Salz | Pfeffer
1 Bund Frühlingszwiebeln

Außerdem:
Backpapier für das Blech

1 Die Gemüse- und roten Zwiebeln schälen und in Streifen schneiden. Den Knoblauch schälen und in Scheibchen schneiden. Im Suppentopf 3 EL Öl erhitzen. Zwiebeln, Knoblauch und Kümmel dazugeben und bei mittlerer Hitze in ca. 15 Min. hellbraun braten; ab und zu wenden. Mit Wein ablöschen und aufkochen. Die Brühe dazugießen und alles offen ca. 8 Min. kochen.

2 Den Backofen auf 240° vorheizen. Inzwischen die Bohnen in einem Sieb abtropfen lassen. Den Gruyère auf der Küchenreibe fein raspeln. Die Petersilie waschen und trocken schütteln, die Blätter hacken.

3 Bohnen mit einer Gabel zerdrücken. Petersilie und Käse daruntermischen. Das Brot in daumendicke Scheiben schneiden und die Bohnen-Käse-Mischung auf diesen verteilen. Ein Blech mit Backpapier belegen, die Scheiben daraufsetzen und mit dem übrigen Öl beträufeln. Im heißen Ofen (Mitte) in 3–5 Min. kross backen.

4 Die Frühlingszwiebeln waschen, putzen und in schmale Ringe schneiden. In die Suppe geben und diese offen weitere 2 Min. kochen. Salzen, pfeffern und mit den heißen Crostini servieren.

MEINE TAUSCH- UND BEILAGENTIPPS

*Kein Gruyère im Haus? Mit würzigem **Bergkäse** oder **Gorgonzola** schmecken die Crostini ebenso gut. Wenn's mal schnell gehen muss: Auch fertig gekaufte **Blätterteig-Käsestangen** oder schlicht ein gesalzenes **Butterbrot** passen als Suppenbeilage.*

Schneller Zwiebel-Flammkuchen

FÜR 4 PERSONEN
Zubereitungszeit: ca. 30 Min.
Pro Portion: ca. 570 kcal,
23 g EW, 24 g F, 65 g KH

2 EL ganze Haselnusskerne
60 g Lauch
1 rote Zwiebel
8 Scheiben Raclettekäse (ca. 240 g)
2 EL Crème fraîche
Salz
1 Birne
8 Tortilla-Weizenfladen (Fertigprodukt)
Pfeffer

Außerdem:
Backpapier für das Blech

1 Den Backofen auf 240° vorheizen. In einem Pfännchen ohne Fett die Nüsse in 6–8 Min. rundum rösten. Den Lauch waschen, putzen und in schmale Ringe schneiden. Die Zwiebel schälen und in schmale Ringe, den Raclettekäse in Streifen schneiden. Die Nüsse grob hacken. Die Crème fraîche salzen und glatt rühren. Die Birne waschen und in dünne Spalten schneiden, dabei das Kerngehäuse entfernen.

2 Ein Blech mit Backpapier belegen. Die Fladen mit Crème fraîche bestreichen, mit den übrigen Zutaten belegen und mit Pfeffer würzen. Je 2 Flammkuchen auf das Blech setzen und nacheinander im heißen Backofen (Mitte) in jeweils 3–5 Min. goldbraun backen.

MEINE TAUSCHTIPPS

*Statt Raclettekäse schmecken auch **Gorgonzola** oder **Bergkäse** ausgezeichnet.*
*Und den Lauch können Sie zur Abwechslung gegen **trocken ausgedrücktes Sauerkraut** tauschen.*

Rotkohl-
Borschtsch

Der würzige Eintopf hat seine Wurzeln in Osteuropa, in der ehemaligen DDR wurde er zum Nationalgericht, und bis heute ist er eine wärmende Angelegenheit, die sich gut variieren lässt: Hinein darf gerne, was übrig ist oder Ihnen sonst so schmeckt.

FÜR 4 PERSONEN
Zubereitungszeit: ca. 1 Std.
Pro Portion: ca. 485 kcal,
14 g EW, 28 g F, 41 g KH

2 Zwiebeln | 3 Möhren
100 g Räuchertofu
1 Knoblauchzehe
400 g Rotkohl (geputzt)
7 EL neutrales Pflanzenöl
100 g ungeschälte Graupen
1 TL Kümmelsamen
2 Lorbeerblätter
1 Glas Rote-Bete-Würfel (425 ml)
1 l Gemüsebrühe (s. Grundrezept unten oder Instant)
Salz | Pfeffer
1 EL Zucker
150 g gemischte frische Pilze
1/2 Bund Petersilie
150 g saure Sahne

1 Die Zwiebeln schälen und in Streifen schneiden. Die Möhren schälen, putzen und in Scheiben hobeln. Den Tofu würfeln. Den Knoblauch schälen und in Scheibchen schneiden. Den Rotkohl waschen und in dünne Streifen schneiden oder hobeln.

2 Im Suppentopf 4 EL Öl erhitzen und das vorbereitete Gemüse hineingeben. Graupen, Kümmel und Lorbeerblätter ebenfalls dazugeben und alles bei mittlerer Hitze dünsten, bis die Zwiebeln glasig sind. Rote Bete samt Einlegesud zum Gemüse geben und die Gemüsebrühe dazugießen. Mit Salz und Pfeffer sowie dem Zucker abschmecken, dann alles zugedeckt bei mittlerer Hitze ca. 40 Min. kochen.

3 Währenddessen die Pilze trocken abreiben, putzen und würfeln. Die Petersilie waschen und trocken schütteln, die Blätter hacken. In einer Pfanne das übrige Öl erhitzen und die Pilze darin goldbraun braten. Petersilie unterrühren, salzen und pfeffern. Die saure Sahne leicht salzen und cremig rühren. Den Borschtsch auf vorgewärmte Schüsseln oder Suppenteller verteilen und mit den Pilzen und der sauren Sahne anrichten.

MEINE AROMATIPPS

*Würzig-frisch schmeckt der Borschtsch in einer Variante mit **20 g fein geriebenem Ingwer,** den Sie kurz vor Ende der Garzeit unterrühren.*
***1 EL Preiselbeerkonfitüre** statt Zucker bringt eine fruchtige Note ins Spiel.*

GRUNDREZEPT: GEMÜSEBRÜHE

*Für 2 l Brühe **1 Tomate, 1 Möhre, 1 Petersilienwurzel** und **2 Zwiebeln** waschen bzw. schälen, dann putzen und klein schneiden. Alles zusammen mit **200 g sauberen Gemüseabfällen** (z. B. Möhrenschalen und Kräuterstielen) und **4 Stängeln Petersilie** in einen Topf geben. Je **1 TL edelsüßes Paprikapulver, Fenchelsamen, Senfkörner, getrocknetes Bohnenkraut** und **Zucker** sowie **1 angedrückte ungeschälte Knoblauchzehe, 1 Handvoll getrocknete Steinpilze** und **2 Lorbeerblätter** zum Gemüse geben. Alles mit **2 l kaltem Wasser** auffüllen, nicht zu kräftig mit **Salz** und **Pfeffer** würzen, dann bei schwacher Hitze langsam aufkochen und zugedeckt nur 10 Min. leise köcheln lassen. Nach der Garzeit vom Herd nehmen und abkühlen lassen. Die fertige Brühe durch ein feines Sieb abgießen.*

Paprika-Sauerkraut-Topf

mit weißen Bohnen

Süße Paprika trifft hier auf feinsäuerliches Kraut, weiße Bohnen und rahmigen Schmand. Dieses wärmend-würzige Hüttenessen schmeckt und sättigt besonders nach langen Waldspaziergängen oder anstrengender Gartenarbeit.

FÜR 6 PERSONEN
Zubereitungszeit: 30 Min.
Pro Portion: ca. 225 kcal, 10 g EW, 13 g F, 13 g KH

- 400 g gemischte Paprikaschoten
- 1 Zwiebel
- 1 Knoblauchzehe
- 1 Dose Sauerkraut (425 ml)
- 4 EL neutrales Pflanzenöl
- 1 Lorbeerblatt
- 1 TL Kümmelsamen
- 2 TL edelsüßes Paprikapulver
- 1 l Gemüsebrühe (s. Grundrezept S. 24 oder Instant)
- 1 Dose weiße Riesenbohnen (850 ml)
- 100 g Räuchertofu
- Salz | Pfeffer
- 100 g Schmand
- 4 Stängel Petersilie

1 Die Paprikaschoten waschen, halbieren, putzen und würfeln. Die Zwiebel schälen und klein würfeln. Den Knoblauch ebenfalls schälen und in Scheiben schneiden. Das Sauerkraut in ein Sieb geben, trocken ausdrücken und grob zerschneiden.

2 Im Suppentopf das Öl erhitzen und die Zwiebel und das Sauerkraut darin hellbraun braten. Die Paprikawürfel, den Knoblauch, das Lorbeerblatt, den Kümmel und das Paprikapulver dazugeben und unterrühren. Die Gemüsebrühe dazugießen und alles offen bei mittlerer Hitze ca. 12 Min. kochen.

3 Inzwischen die Riesenbohnen in einem Sieb abtropfen lassen. Den Räuchertofu klein würfeln. Beides in den Eintopf rühren und diesen offen 2 Min. weiterkochen. Mit Salz und Pfeffer abschmecken.

4 Den Schmand leicht salzen und cremig verrühren. Die Petersilie waschen und trocken schütteln, die Blätter abzupfen. Den Eintopf in vorgewärmte Teller geben, jeweils mit einem Klecks Schmand verzieren und mit den Petersilienblättern bestreut servieren.

MEINE AROMA- UND TAUSCHTIPPS

*Noch mehr Würze im Eintopf gefällig? Zum Gemüse passen bestens frisch gehackte Kräuter wie **Majoran, Bohnenkraut** oder **Thymian.***
*Und statt der Riesenbohnen können Sie natürlich auch **andere Bohnensorten** verwenden.*

Spinat-Blätterteig-Schnecken
mit Senf-Rahmsauce

Eine würzige Spinat-Käse-Füllung zwischen knusprigen Blätterteigschichten, dazu eine feinschaumig-cremige Senf-Rahmsauce, in der Perlzwiebeln für überraschende Frische sorgen … Das wird ein richtig elegantes Essen für verwöhnte Gäste!

FÜR 4 PERSONEN
Zubereitungszeit:
ca. 1 Std. 20 Min.
Pro Portion: ca. 630 kcal,
19 g EW, 48 g F, 29 g KH

350 g Babyspinat
1 Zwiebel
1 Knoblauchzehe
1 EL Olivenöl
Salz | Pfeffer
1 Rolle frischer Blätterteig (270 g; aus dem Kühlregal)
3 EL geröstete gesalzene Sonnenblumenkerne (ersatzweise ebensolche Cashewkerne, gehackt)
100 g Schafskäse (Feta)
100 g Scamorza (ital. Räucherkäse) am Stück
50 ml trockener Weißwein (ersatzweise Gemüsebrühe)
100 ml Gemüsebrühe (s. Grundrezept S. 24 oder Instant)
150 g saure Sahne
1/2 Bund Schnittlauch
1–2 EL Perlzwiebeln (aus dem Glas)
1 EL Dijonsenf
1 Prise Zucker
Außerdem:
Backpapier für das Blech

1 Für die Füllung den Spinat verlesen, gründlich waschen, dann trocken schleudern. Die Zwiebel schälen und in kleine Würfel schneiden. Den Knoblauch schälen und in Scheibchen schneiden. In einem Topf das Öl erhitzen und den Knoblauch und die Hälfte der Zwiebelwürfel darin glasig dünsten. Den Spinat dazugeben und zusammenfallen lassen, mit Salz und Pfeffer würzen. Den Spinat in ein Sieb geben, mit einem Löffel trocken ausdrücken und abkühlen lassen.

2 Den Backofen auf 220° vorheizen. Den Blätterteig entrollen. Die Sonnenblumenkerne passend zum Format des Blätterteigs auf die Arbeitsfläche streuen, dann den Teig darauflegen und andrücken. Die Spinatfüllung auf dem Teig verteilen. Den Schafskäse trocken tupfen oder abtropfen lassen und zerbröckeln, den Scamorza grob reiben. Beides auf dem Spinat verteilen. Ein Blech mit Backpapier belegen.

3 Den Teig von einer Schmalseite her zusammenrollen und die Naht mit den Fingern etwas festdrücken. Die Rolle in 8 gleich dicke Scheiben schneiden und diese mit Abstand auf das Blech legen. Im heißen Backofen (Mitte) in 20–25 Min. goldbraun backen.

4 Inzwischen in einem kleinen Topf den Weißwein mit den übrigen Zwiebelwürfeln aufkochen. Die Brühe und die Sahne dazugeben und offen ca. 8 Min. weiterkochen. Alles mit dem Pürierstab fein pürieren und nach Belieben durch ein feines Sieb passieren.

5 Den Schnittlauch waschen, trocken schütteln und in Röllchen schneiden. Die Perlzwiebeln in einem Sieb abtropfen lassen. Die Weißweinsauce aufkochen und den Schnittlauch, den Senf und die Perlzwiebeln hineinrühren. Mit Salz, Pfeffer und dem Zucker würzen. Die Sauce zu den Spinat-Schnecken servieren.

Fehlt nur noch
ein Glas Riesling!

Erbsen-Linsen-Eintopf

mit Tofuzwiebeln

FÜR 4 PERSONEN
Zubereitungszeit: ca. 30 Min.
Pro Portion: ca. 390 kcal,
24 g EW, 16 g F, 32 g KH

3 Zwiebeln
4 EL neutrales Pflanzenöl
120 g gelbe Linsen
1 Lorbeerblatt
300 g TK-Erbsen
900 ml Gemüsebrühe (s. Grundrezept S. 24 oder Instant)

4 Stängel Petersilie
1 EL Dijonsenf | Salz
Pfeffer | 1 Prise + 1 TL Zucker
200 g Räuchertofu
1/2 TL Kümmelsamen
50 ml trockener Weißwein (ersatzweise Gemüsebrühe)

1 Die Zwiebeln schälen und in Streifen schneiden. Im Suppentopf 1 EL Öl erhitzen und darin zwei Drittel der Zwiebeln zusammen mit den Linsen und dem Lorbeerblatt andünsten, bis die Zwiebeln glasig sind. Die Erbsen unaufgetaut dazugeben und 800 ml Brühe angießen. Offen bei mittlerer Hitze ca. 10 Min. kochen.

2 Die Petersilie waschen und trocken schütteln, die Blätter hacken und zusammen mit dem Senf unter die Suppe rühren. Den Eintopf mit Salz, Pfeffer sowie 1 Prise Zucker abschmecken und warm stellen.

3 Den Tofu klein würfeln. In einer Pfanne das übrige Öl erhitzen, darin den Tofu und die übrigen Zwiebeln goldbraun braten. 1 TL Zucker und den Kümmel dazugeben und alles weiterbraten, bis der Zucker geschmolzen ist. Mit dem Wein ablöschen und kochen, bis er verdampft ist. Die übrige Brühe dazugießen und ebenfalls verdampfen lassen. In vorgewärmten Tellern den Eintopf mit den geschmorten Tofu-Zwiebeln servieren.

MEIN AROMATIPP

*Zusätzlich können Sie den Eintopf mit **frisch gehacktem Majoran** oder **Bohnenkraut** würzen.*

Linseneintopf mit Wintergemüse

FÜR 4–6 PERSONEN
Zubereitungszeit: 30 Min.
Bei 6 Portionen jeweils: ca.
305 kcal, 17 g EW, 17 g F, 21 g KH

100 g Knollensellerie
200 g Petersilienwurzeln
300 g Möhren | 1 Zwiebel
ca. 500 g Muskat-, Butternut- oder Hokkaido-Kürbis (geputzt ca. 350 g)
6 EL neutrales Pflanzenöl
50 g getrocknete Steinpilze
5 getrocknete Tomaten (in Öl)
1 TL Kümmelsamen
1 TL gerebeltes Bohnenkraut
2 Lorbeerblätter | 1 Stange Lauch
1 Dose Linsen (850 ml; s. Tipp S. 47)
250 g Räuchertofu
Salz | Pfeffer
1 Bund Petersilie

1 Sellerie schälen und würfeln. Petersilienwurzeln und Möhren schälen, putzen und in Scheiben schneiden. Zwiebel schälen und würfeln. Den Kürbis schälen; Hokkaido nur waschen. Die Kerne und Fasern herauskratzen, das Fruchtfleisch würfeln. In einem großen Topf 3 EL Öl erhitzen und das Gemüse darin andünsten.

2 Inzwischen Pilze und Tomaten klein schneiden. Beides zusammen mit Kümmel, Bohnenkraut und Lorbeerblättern zum Gemüse geben und unterrühren. Alles mit heißem Wasser knapp bedecken, aufkochen und zugedeckt bei mittlerer Hitze ca. 12 Min. kochen. Inzwischen den Lauch putzen, in schmale Scheiben schneiden und waschen. Die Linsen in einem Sieb abtropfen lassen. Den Tofu in Scheiben schneiden.

3 Linsen und Lauch in den Eintopf geben, zugedeckt 5 Min. mitgaren, dann salzen und pfeffern. Petersilie waschen und trocken schütteln, die Blätter hacken.

4 In einer Pfanne das übrige Öl erhitzen, den Tofu darin goldbraun braten, dann salzen und pfeffern. In vorgewärmten Tellern den Eintopf mit den Tofuscheiben anrichten. Mit der Petersilie bestreut servieren.

MEINE AROMATIPPS

*Nehmen Sie **Gemüsebrühe** statt Wasser – und der Eintopf schmeckt noch würziger.*
*Zusätzlich können Sie ihn mit **Majoran** und **durchgepresstem Knoblauch** abschmecken.*

Weißer Spargel

mit Grüner Sauce

Die Liebe zum Spargel ist regional geprägt. Man schwört allerorten nur auf das Spargelanbaugebiet vor der eigenen Haustür: »Da gibt's den besten!« Einigkeit dürfte aber bei dem folgenden Rezept herrschen: Frischer Spargel mit grüner Sauce schmeckt eben überall!

FÜR 4 PERSONEN
Zubereitungszeit: ca. 35 Min.
Pro Portion: ca. 400 kcal,
12 g EW, 24 g F, 32 g KH

800 g festkochende Kartoffeln
Salz | 4 EL Mandelkerne
1 kg weißer Spargel
40 g Butter

Für die Sauce:
1 Bund Petersilie
100 g Brunnenkresse
300 g Naturjoghurt (10% Fett)
1 Bund Schnittlauch
1–2 TL mittelscharfer Senf
1–2 TL Weißweinessig
1 EL neutrales Pflanzenöl
Salz

1 Die Kartoffeln schälen und in kochendem Salzwasser zugedeckt in 15–25 Min. bissfest garen.

2 Für die Grüne Sauce die Petersilie und die Kresse waschen und trocken schütteln. Die Blätter abzupfen (etwas von der Kresse zum Garnieren weglegen) und zusammen mit der Hälfte des Joghurts fein pürieren. Den Schnittlauch waschen, trocken schütteln und in Röllchen schneiden. Diese zusammen mit dem übrigen Joghurt sowie dem Senf, dem Weißweinessig und dem Öl unter den Kräuterjoghurt rühren. Die Grüne Sauce mit Salz abschmecken.

3 In einer großen Pfanne ohne Fett die Mandeln rösten, dann abkühlen lassen. Die Kartoffeln in ein Sieb abgießen, kalt abschrecken und abtropfen lassen.

4 Den Spargel schälen, holzige Enden abschneiden. Die Stangen in einen weiten Topf geben, nur knapp mit kochendem Salzwasser bedecken und zugedeckt bei schwacher Hitze 10–12 Min. garen.*

5 Inzwischen die Mandeln hacken. In der Pfanne die Butter schmelzen. Kartoffeln und Mandeln darin bei schwacher Hitze ca. 3 Min. braten, dann salzen.

6 Den Spargel aus dem Wasser heben und in einem Sieb abtropfen lassen. Mit der Grünen Sauce und den Mandel-Kartoffeln anrichten und mit der restlichen Brunnenkresse garnieren.

MEINE TAUSCHTIPPS

Ganz nach Geschmack und Marktlage können Sie die Grüne Sauce auch mit anderen Gartenkräutern wie ***Kerbel, Dill, Estragon, Pimpinelle, Sauerampfer*** *oder* ***Borretsch*** *zubereiten.*

* *Die Garzeit des Spargels richtet sich nach der Dicke der Stangen; die Angabe im Rezept ist deshalb nur ein Richtwert.*

Spargel

mit Seidentofu-Hollandaise

Während der kurzen Spargelsaison in Deutschland von Anfang Mai bis zum Johannistag am 24. Juni ist Spargel mit Sauce Hollandaise ein beliebter Klassiker. In diesem Rezept sorgt Seidentofu für die cremige Bindung der feinen Buttersauce.

FÜR 4 PERSONEN
Zubereitungszeit: ca. 35 Min.
Pro Portion: ca. 570 kcal,
9 g EW, 43 g F, 31 g KH

800 g neue Kartoffeln
Salz | 1 kg weißer Spargel

Für die Sauce:
1 Bund Schnittlauch
3 Schalotten
200 g kalte Butter
1 Lorbeerblatt
125 ml trockener Sekt oder Weißwein (ersatzweise Gemüsebrühe)
200 ml Gemüsebrühe (s. Grundrezept S. 24 oder Instant)
1 Msp. gemahlene Kurkuma
150 g Seidentofu
Salz | Pfeffer | Zucker

1 Die Kartoffeln waschen und ungeschält in kochendem Salzwasser zugedeckt in 15–25 Min. bissfest garen. Den Spargel schälen, holzige Enden abschneiden. In einem weiten Topf die Stangen knapp mit kochendem Salzwasser bedecken und zugedeckt 10–12 Min. garen (s. Hinweis S. 33).

2 Inzwischen den Schnittlauch waschen, trocken schütteln und in Röllchen schneiden. Die Schalotten schälen und sehr klein würfeln. In einem hochwandigen Topf 40 g Butter schmelzen und die Schalotten darin glasig dünsten. Das Lorbeerblatt dazugeben, alles mit dem Sekt oder Wein ablöschen und ca. 1 Min. kochen. Brühe und Kurkuma dazugeben und offen weitere 2 Min. kochen. Dann das Lorbeerblatt entfernen.

3 Den Seidentofu grob zerkleinern und in die Sauce geben. Alles mit dem Pürierstab pürieren. Die restliche Butter in Stücke schneiden und nach und nach mitpürieren. Die Sauce unter Rühren erhitzen, aber nicht mehr kochen. Mit Salz, Pfeffer und Zucker abschmecken. Den Schnittlauch unter die Sauce rühren.

4 Die Kartoffeln in ein Sieb abgießen. Den Spargel aus dem Wasser heben und in einem Sieb abtropfen lassen. Auf vorgewärmten Tellern oder einer Platte mit der Sauce und den Kartoffeln servieren.

MEINE TAUSCHTIPPS

*Ganz ausgezeichnet schmeckt die buttrige Seidentofu-Hollandaise auch, wenn Sie statt Sekt oder Wein einen **trockenen Sherry** verwenden.*
*Für eine Sauce béarnaise geben Sie **1/2 TL getrockneten Estragon** mit in die Flüssigkeit.*
*Oder Sie nehmen statt des Schnittlauchs **2 Stängel klein geschnittenen Estragon.***

Wildreis-Puffer mit Birnen-Kraut-Salat

FÜR 4 PERSONEN
Zubereitungszeit: ca. 50 Min.
Pro Portion: ca. 510 kcal,
9 g EW, 38 g F, 33 g KH

Für die Puffer:
100 g Wildreis-Mischung
Salz | 2 Möhren
2 Eier (Größe M)
75 g Schmand | 2 EL Mehl
1 TL Backpulver
Pfeffer

Für den Salat:
1/4 Kopf Spitzkohl | Salz
1 EL Weißweinessig | 1 Birne
4 EL Olivenöl | Pfeffer
Außerdem:
neutrales Pflanzenöl zum Braten
2 EL Preiselbeerkonfitüre

1 Den Reis nach Packungsangabe in Salzwasser zugedeckt garen. Inzwischen für den Salat den Spitzkohl waschen, den Strunk entfernen. Die Blätter in schmale Streifen hobeln, diese in einer Schüssel mit Salz und Essig würzen und mit einem Stampfer geschmeidig klopfen oder von Hand durchkneten.

2 Die Birne waschen und vierteln, das Kerngehäuse entfernen und die Viertel in dünne Scheiben schneiden. Diese und das Olivenöl zum Kraut geben, alles durchmischen und mit Salz und Pfeffer würzen.

3 Für die Puffer die Möhren schälen, putzen und fein raspeln. Die Eier mit Schmand, Mehl und Backpulver glatt rühren, mit Salz und Pfeffer würzen. Den Wildreis in ein Sieb abgießen, mit kaltem Wasser abschrecken und abtropfen lassen.

4 Reis und Möhren unter den Eierteig rühren, salzen, pfeffern und das Ganze 10 Min. quellen lassen. Den Backofen auf 80° vorheizen.

5 In einer Pfanne etwas Öl erhitzen. Nacheinander 12 kleine Reispuffer hineingeben und bei mittlerer Hitze von beiden Seiten in je 3–5 Min. goldbraun braten. Fertige Puffer auf einem mit Küchenpapier belegten Teller im heißen Backofen warm halten. Mit dem Salat und der Preiselbeerkonfitüre servieren.

MEINE TAUSCH- UND AROMATIPPS

*Anstelle von Möhren können Sie **Zucchini** fein hobeln oder einen Teil der Möhren durch **Maiskörner** ersetzen. Die Puffer schmecken auch sehr gut, wenn Sie **1 klein gewürfelte Zwiebel** roh in den Teig geben.*

Blini mit Rote-Bete-Kaviar

FÜR 4 PERSONEN
Zubereitungszeit: ca. 55 Min.
Pro Portion: ca. 450 kcal,
13 g EW, 23 g F, 49 g KH

100 g Räuchertofu
200 g Buchweizenmehl
2 TL Backpulver
5 TL Olivenöl
1 weiße Zwiebel
Salz | Pfeffer

1 Glas oder Dose sauer eingelegte Rote Bete (425 ml; s. Tipp)
1 rote Zwiebel
150 g saure Sahne
Außerdem:
neutrales Pflanzenöl zum Braten

1 Den Tofu auf einer Gemüsereibe fein reiben. Mit Mehl, Backpulver, 3 TL Olivenöl und 400 ml Wasser zu einem glatten Teig verrühren. Die weiße Zwiebel schälen, sehr klein würfeln und unterrühren. Teig salzen, pfeffern und zugedeckt 10 Min. quellen lassen.

2 Rote Bete in einem Sieb abtropfen lassen und fein hacken. Rote Zwiebel schälen und klein würfeln. Beides mit 2 TL Öl verrühren und mit Salz und Pfeffer würzen. Saure Sahne leicht salzen und cremig rühren.

3 In einer Pfanne jeweils 1 EL Öl erhitzen. Esslöffelgroße Portionen vom Teig ins heiße Öl geben. Die Blini von beiden Seiten in je 3–4 Min. goldbraun braten. Fertige Puffer auf einem mit Küchenpapier belegten Teller im 80° heißen Backofen warm halten. Auf diese Weise ca. 25 Blini backen. Die heißen Puffer mit der sauren Sahne, dem Rote-Bete-Kaviar und den Zwiebelwürfeln belegen und sofort servieren.

MEINE PRAXISTIPPS

*Während der **Rote-Bete-Saison** ab Oktober können Sie das Rezept mit **frischen Knollen** zubereiten: In einem großen Topf reichlich Wasser aufkochen und etwas **Salz, Kümmelsamen** und **1 Lorbeerblatt** hineingeben. Die Rüben waschen und in dem Wasser zugedeckt bei schwacher Hitze je nach Größe 20–60 Min. garen. Wenn Sie einen Holzspieß leicht durchstechen können, sind sie fertig. Dann abgießen, etwas abkühlen lassen und schälen – dabei am besten Küchenhandschuhe tragen, denn sie färben stark ab.*

Tofu-Steak

mit Zwiebelringen

Ein Steakhaus-Klassiker mal ohne Fleisch: Zum würzigen Räuchertofu-Steak gibt es gegrillte Tomaten mit Rosmarin und Knoblauch und krosse Zwiebelringe im Paprika-Knuspermantel. Auch die Rahmsauce macht übrigens fleischlos glücklich…

FÜR 4 PERSONEN
Zubereitungszeit: ca. 50 Min.
Pro Portion: ca. 705 kcal,
27 g EW, 53 g F, 25 g KH

1 Bund Schnittlauch
400 ml Veggie-Rahmsauce (s. unten)
1–2 TL Dijonsenf
1 EL körniger Senf | Salz | Pfeffer
1 Prise Zucker | 2 Tomaten
2 Zweige Rosmarin
400 g Räuchertofu
1–2 Knoblauchzehen | 4 EL Olivenöl
1 Gemüsezwiebel | 1 Ei (Größe M)
4 EL Semmelbrösel
1 EL edelsüßes Paprikapulver
2 EL Mehl

Außerdem:
hochwandiger Topf oder Fritteuse
500 ml neutrales Pflanzenöl zum Frittieren

1 Den Schnittlauch waschen, trocken schütteln und in Röllchen schneiden. In einem kleinen Topf die Rahmsauce aufkochen und den Schnittlauch und beide Sorten Senf einrühren. Mit Salz, Pfeffer und dem Zucker würzen. Die Sauce bis zum Servieren warm stellen.

2 Tomaten waschen und ohne Stielansätze halbieren. Den Rosmarin waschen und trocken schütteln. Den Tofu in 4 Scheiben schneiden, salzen und pfeffern. Knoblauch schälen und in Scheibchen schneiden.

3 Den Ofen auf 80° vorheizen. In einer Grillpfanne das Olivenöl erhitzen und den Tofu darin 4 Min. braten, dann die Tomaten dazugeben und 4–6 Min. mitbraten. Knoblauch und Rosmarin dazugeben und alles noch 1 Min. braten, dann im Ofen warm stellen.

4 Die Gemüsezwiebel schälen, in Ringe schneiden und salzen. In einem tiefen Teller das Ei verquirlen. In einem zweiten tiefen Teller die Semmelbrösel mit dem Paprikapulver mischen. In einen dritten das Mehl geben. Die Zwiebelringe erst in Mehl wälzen, dann in der Ei-Masse und zuletzt in den Bröseln wenden.

5 Im hochwandigen Topf oder in der Fritteuse das Frittieröl auf ca. 175° erhitzen. Temperatur prüfen: An einem eingetauchten Holzkochlöffelstiel sollen Bläschen aufsteigen. Die Zwiebelringe portionsweise ins heiße Fett geben und goldbraun frittieren. Salzen und auf Küchenpapier entfetten. Den Tofu und die Tomaten mit der Sauce und den Zwiebelringen anrichten.

DAS KLEINE REZEPT: VEGGIE-RAHMSAUCE

*Für ca. 400 ml Sauce **3 Schalotten** schälen und in kleine Würfel schneiden. **5 weiße Champignons** trocken abreiben, putzen und blättrig schneiden. Beides in **2 EL neutralem Pflanzenöl** glasig dünsten. Mit **125 ml trockenem Weißwein** (ersatzweise Gemüsebrühe) ablöschen, offen bei mittlerer Hitze ca. 5 Min. kochen. Mit **1 Lorbeerblatt** und **1 Msp. gemahlener Kurkuma** würzen, **300 ml Brühe** (s. Grundrezept S. 24 oder Instant) angießen. Alles offen bei mittlerer Hitze ca. 2 Min. kochen. Lorbeer entfernen. **100 g Seidentofu** dazugeben und alles cremig pürieren. Die Sauce in einen Topf seihen. Siebinhalt mit einem Löffel gut ausdrücken. Die Sauce mit **Salz** und **Pfeffer** würzen.*

Sauerkraut-Semmelknödel

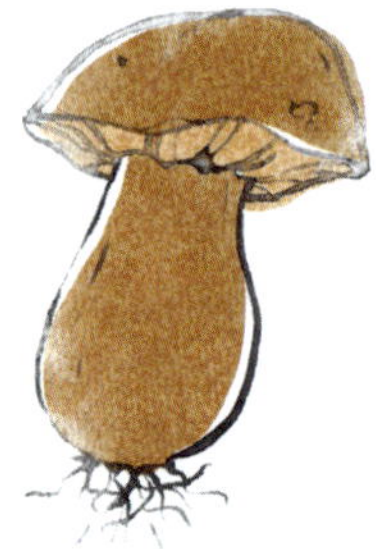

Ein bayerischer Wirtshausklassiker – behutsam modernisiert: Das Sauerkraut in den Semmelknödeln sorgt für neue Leichtigkeit; gebettet werden sie auf gebratene Champignons und rahmiges Rosenkohlgemüse.

FÜR 4 PERSONEN
Zubereitungszeit: ca. 1 Std. 5 Min.
Pro Portion: ca. 640 kcal,
18 g EW, 37 g F, 56 g KH

100 g Sauerkraut (aus der Dose)
1 Zwiebel
40 g Butter
150 ml Milch
250 g altbackenes Weißbrot
150 g altbackene Laugenbrötchen
2 Eier (Größe M)
Salz | Pfeffer
1 Bund Petersilie
200 g Rosenkohl
4 EL neutrales Pflanzenöl
100 ml trockener Weißwein (ersatzweise Gemüsebrühe)
200 ml Gemüsebrühe (s. Grundrezept S. 24 oder Instant)
150 g Sahne
200 g braune Champignons
1 Bund Schnittlauch

1 Für die Knödel das Sauerkraut trocken ausdrücken und hacken. Die Zwiebel schälen und in kleine Würfel schneiden. In einer Pfanne die Butter schmelzen und Sauerkraut und Zwiebel darin glasig dünsten. Die Milch angießen, dann die Pfanne vom Herd ziehen.

2 Brot und Laugenbrötchen klein würfeln und in eine Schüssel geben. Die Zwiebel-Sauerkraut-Milch gut darunterrühren. Die Eier untermengen und alles mit Salz und Pfeffer würzen. Die Petersilie waschen und trocken schütteln, die Blätter hacken und untermischen. Die Knödelmasse gründlich durchkneten und zugedeckt 15 Min. quellen lassen.

3 Inzwischen den Rosenkohl waschen, putzen und nach Belieben längs halbieren. In einer Pfanne 2 EL Öl stark erhitzen und den Rosenkohl darin hellbraun anbraten. Mit dem Wein ablöschen, Brühe und Sahne dazugießen, aufkochen und das Ganze offen bei mittlerer Hitze in 8–10 Min. dicklich einkochen. Mit Salz und Pfeffer würzen und warm stellen.

4 In einem großen Topf reichlich Wasser aufkochen und salzen. Aus der Knödelmasse mit feuchten Händen 12 Knödel formen. Diese vorsichtig ins kochende Salzwasser gleiten lassen und offen im leicht siedenden Wasser in 10–12 Min. gar ziehen lassen.

5 Währenddessen die Champignons trocken abreiben, putzen und klein schneiden. In einer Pfanne das übrige Öl erhitzen und die Pilze darin goldbraun braten, dann mit Salz und Pfeffer würzen. Den Schnittlauch waschen, trocken schütteln und in Röllchen schneiden, diese unter die Pilze rühren.

6 Die Knödel mit einer Siebkelle aus dem Wasser heben und abtropfen lassen. Mit den Pilzen und dem Rahmrosenkohl servieren.

MEIN TAUSCHTIPP

*Den Rosenkohl können Sie durch **gehobelten Weißkohl** oder **trocken ausgedrücktes Sauerkraut** ersetzen.*

Brat-Süßkartoffeln

mit Spiegelei

FÜR 2–4 PERSONEN
Zubereitungszeit: ca. 25 Min.
Bei 4 Portionen jeweils: ca.
510 kcal, 12 g EW, 34 g F, 40 g KH

1 Glas Mixed Pickles (330 ml)
4 EL Mayonnaise
4 EL Naturjoghurt (10 % Fett)
1 EL Dijonsenf
Salz | Pfeffer
650 g Süßkartoffeln
6 EL neutrales Pflanzenöl
1 rote Zwiebel
1 Bund Frühlingszwiebeln
4 Stängel Petersilie
1 TL Kümmelsamen
4 Eier (Größe M)

1 Die Mixed Pickles in ein Sieb abgießen und abtropfen lassen, dann in kleine Würfel schneiden. Diese mit der Mayonnaise, dem Joghurt und dem Senf verrühren und mit Salz und Pfeffer abschmecken.

2 Die Süßkartoffeln schälen und in Würfel schneiden. In einer Pfanne 4 EL Öl erhitzen und die Würfel darin bei mittlerer Hitze in 10–12 Min. goldbraun braten.

3 Inzwischen die rote Zwiebel schälen und in Ringe schneiden. Die Frühlingszwiebeln waschen, putzen und ebenfalls in Ringe schneiden. Die Petersilie waschen und trocken schütteln, die Blätter hacken.

4 Die Zwiebeln und Frühlingszwiebeln zusammen mit der Petersilie und dem Kümmel in die Pfanne zu den Süßkartoffeln geben. Mit Salz und Pfeffer würzen und alles weitere 2 Min. braten.

5 In einer zweiten Pfanne das übrige Öl erhitzen. Die Eier hineinschlagen und bei schwacher Hitze 6–8 Min. braten, anschließend salzen. Die Spiegeleier mit den Süßkartoffeln auf Tellern anrichten und zusammen mit der Mixed-Pickles-Remoulade servieren.

Kraut-Kartoffel-Rösti mit Gurkensalat

FÜR 4 PERSONEN
Zubereitungszeit: ca. 40 Min.
Pro Portion: ca. 850 kcal,
9 g EW, 34 g F, 23 g KH

1 Bio-Salatgurke
150 g Sauerkraut (aus der Dose)
300 g mehligkochende Pellkartoffeln vom Vortag
300 g vorwiegend festkochende Kartoffeln
1 Ei (Größe M) | 1 EL Mehl
1 TL Kümmelsamen
Salz | Pfeffer
1 Frühlingszwiebel
250 g Sahnequark
3 TL Weißweinessig | 1 Bund Dill
8 EL neutrales Pflanzenöl

1 Die Gurke waschen, putzen, in Scheiben hobeln, salzen und beiseitestellen. Das Sauerkraut in einem Sieb trocken ausdrücken, dann fein schneiden. Die Pellkartoffeln pellen und die rohen Kartoffeln schälen. Beides auf einer Rohkostreibe grob raspeln, mit dem Sauerkraut, dem Ei, dem Mehl und dem Kümmel zu einer glatten Masse verrühren, dann salzen und pfeffern.

2 Die Frühlingszwiebel waschen, putzen und in dünne Ringe schneiden. Mit dem Quark und 1 TL Essig verrühren, salzen und pfeffern.

3 Den Dill waschen, trocken schütteln, von den Stielen zupfen und hacken. Die Gurkenscheiben trocken ausdrücken und mit dem Dill, dem übrigen Essig und 3 EL Öl mischen, dann salzen und pfeffern.

4 In einer beschichteten Pfanne das übrige Öl erhitzen. Den Kartoffelteig in 8 Portionen hineingeben und jeweils flachdrücken. Die Rösti darin von beiden Seiten in je 4–6 Min. goldbraun braten. Mit dem Frühlingszwiebel-Quark und dem Gurkensalat servieren.

MEINE AROMATIPPS

Für mehr Grün den Quark zusätzlich mit ***frisch gehackten Gartenkräutern*** *oder* ***Kresse*** *verfeinern. Sie können ihn auch mit* ***1 EL Sahnemeerrettich*** *(aus dem Glas) oder etwas* ***Wasabi-Paste*** *(aus dem Asienladen)* ***verschärfen****. Mit ein paar knackigen* ***Radieschenscheiben*** *machen Sie den Gurkensalat schön bunt; die Scheiben dünn hobeln und erst kurz vor dem Servieren unterheben.*

Seitan-Steak

mit Rotweinschalotten

Obwohl ohne Fleisch, zieht das pfeffrige Grillsteak ein ganz klassisches Ambiente vor: Saftige Portweinschalotten, grüne Bohnen und Pommes frites sind die idealen Begleiter – und ein gutes Glas Rotwein macht den »Steakabend« perfekt.

FÜR 4 PERSONEN
Zubereitungszeit:
ca. 1 Std. 15 Min.
Pro Portion: ca. 870 kcal,
31 g EW, 44 g F, 70 g KH

250 g Schalotten
7 EL Olivenöl
1 EL Zucker
125 ml Portwein
250 ml Veggie-Jus (s. unten)
200 g grüne Bohnen
Salz
450 g Pommes frites (TK)
Pfeffer
1 Knoblauchzehe
1 Zweig Rosmarin
400 g Seitan

1 Die Schalotten schälen und nach Belieben halbieren. In einer Pfanne 3 EL Olivenöl erhitzen und die Schalotten darin rundum anbraten. Den Zucker dazugeben und ca. 1 Min. karamellisieren. Mit dem Portwein ablöschen und offen ca. 1 Min. kochen, dann die Jus dazugeben. Offen in 8–10 Min. dicklich einkochen, dann warm stellen. Den Backofen nach Packungsangabe der Pommes frites vorheizen.

2 Die Bohnen waschen, die Enden abknipsen. Die Bohnen in reichlich kochendem Salzwasser zugedeckt bei mittlerer Hitze ca. 10 Min. garen.

3 Die Pommes frites auf einem Backblech verteilen und nach Packungsangabe im Ofen goldbraun backen – in der Regel ca. 20 Min. Die grünen Bohnen in ein Sieb abgießen, salzen, pfeffern und warm stellen.

4 Den Knoblauch ungeschält halbieren, den Rosmarin waschen und trocken schütteln. Den Seitan längs in 4 Scheiben schneiden. In einer Pfanne das übrige Olivenöl erhitzen. Die Seitanscheiben darin von beiden Seiten je 3–4 Min. braten. Dabei nach 2 Min. Bratzeit Knoblauch und Rosmarin dazugeben und mitbraten.

5 Die Portweinschalotten nochmals aufkochen. Den Seitan salzen und kräftig pfeffern. Die Steaks mit den grünen Bohnen und den Rotwein-Schalotten servieren und die Pommes frites dazu reichen.

DAS KLEINE REZEPT: VEGGIE-JUS

*Für ca. 450 ml vegane Jus **3 Möhren, 200 g Knollensellerie** und **1 Stange Lauch** schälen bzw. waschen, putzen und grob zerkleinern. **1 Zwiebel** ungeschält halbieren. Die Schnittflächen in einem heißen Bräter dunkelbraun anrösten. **4 EL Olivenöl** dazugeben und das Gemüse darin dunkel anbraten. **2 Zweige Rosmarin, 2 Lorbeerblätter, 2 geschälte Knoblauchzehen, 6 getrocknete Tomaten, 2 Handvoll getrocknete Steinpilze** sowie je **1 TL schwarze Pfefferkörner, Fenchel-, Koriander-** und **Senfsamen** dazugeben. **2 frische Tomaten** achteln und ohne die Stielansätze dazugeben. **350 ml Rotwein** zugießen und offen in ca. 5 Min. verkochen. 1 l Wasser angießen, alles offen bei kleiner Hitze ca. 30 Min. einkochen. Die Veggie-Jus durch ein feines Sieb streichen und mit **Salz** und **Zucker** würzen.*

Hmmm – hier kommt Herbst-
Soulfood vom Feinsten!

Räuchertofu

mit Linsen und Zwiebel-Birnen

Ein geschmacklich raffiniertes Rezept, das wirklich was hermacht – auch als Gang fürs Gästemenü: Das cremige Linsengemüse korrespondiert aufs Feinste mit den Rauchnoten des Tofus und den süßen und zugleich senfscharfen Birnen.

FÜR 4 PERSONEN
Zubereitungszeit: ca. 40 Min.
Pro Portion: ca. 555 kcal,
29 g EW, 35 g F, 26 g KH

1 Dose Linsen (850 ml; s. Tipp)
1 weiße Zwiebel
6 Stängel Petersilie
5 EL neutrales Pflanzenöl
125 ml trockener Weißwein (ersatzweise Gemüsebrühe)
200 ml Gemüsebrühe (s. Grundrezept S. 24 oder Instant)
150 g Sahne
Salz | Pfeffer
1 rote Zwiebel
1 Birne | 1 TL Dijonsenf
400 g Räuchertofu

1 Die Linsen in ein Sieb abgießen und abtropfen lassen. Die weiße Zwiebel schälen und in kleine Würfel schneiden. Die Petersilie waschen und trocken schütteln, die Blätter abzupfen und hacken.

2 In einer Pfanne 1 EL Öl erhitzen und die Zwiebelwürfel darin glasig dünsten. Den Wein dazugießen und offen ca. 1 Min. kochen. 150 ml Gemüsebrühe und die Sahne dazugeben und aufkochen, dann die Linsen und (bis auf einen kleinen Rest) die Petersilie dazugeben. Alles bei schwacher Hitze offen dicklich einkochen. Salzen, pfeffern und warm stellen.

3 Die rote Zwiebel schälen und in Ringe schneiden. Die Birne waschen und längs vierteln, die Viertel ohne Kerngehäuse längs halbieren. In einer zweiten Pfanne 2 EL Öl stark erhitzen. Rote Zwiebel und Birne darin scharf anbraten. Den Senf dazugeben, mit der übrigen Gemüsebrühe ablöschen und das Ganze schmoren, bis alle Flüssigkeit verdampft ist. Die Zwiebel-Birnen salzen, pfeffern und warm stellen.

4 Den Räuchertofu in 4 Scheiben schneiden. In einer dritten Pfanne das übrige Öl erhitzen. Den Tofu darin auf beiden Seiten goldbraun braten, nach Belieben salzen und pfeffern.

5 Die Rahmlinsen auf vorgewärmte Teller verteilen, die Tofuscheiben daraufsetzen und mit dem Birnen-Zwiebel-Gemüse krönen. Mit der restlichen gehackten Petersilie bestreuen.

MEIN TAUSCHTIPP

Wenn Sie Muße zum Kochen haben, können Sie das Gericht auch mit ***getrockneten Linsen*** *zubereiten – beispielsweise mit braunen und schwarzen Linsen, Tellerlinsen oder Puy-Linsen. Die Linsen je nach Packungsangabe gegebenenfalls einweichen, dann garen und kalt abschrecken. 350 g getrocknete Linsen ergeben 800–900 g gekochte.*

Seitan-Schnitzel

Wiener Art mit Kartoffelsalat

Ein bisschen Spaß muss sein. Außerdem glaube ich (frei nach Loriot): Ein Leben ohne Wiener Schnitzel ist möglich, aber sinnlos. Darum hier ein Schnitzel Wiener Art, ganz klassisch aufgetischt. Nur beim Fleisch habe ich etwas gemogelt…

FÜR 4 PERSONEN
Zubereitungszeit: ca. 45 Min.
Pro Portion: ca. 535 kcal, 28 g EW, 17 g F, 68 g KH

Für den Kartoffelsalat:
600 g festkochende Kartoffeln
Salz | 1 Zwiebel
100 ml Gemüsebrühe (s. Grundrezept S. 24 oder Instant)
2 EL Weißweinessig
1 EL mittelscharfer Senf
Salz | Pfeffer
1 Bund Radieschen
1 Bund Schnittlauch
4 EL neutrales Pflanzenöl

Für die Schnitzel:
300 g Seitan
Salz | Pfeffer
1 Ei (Größe M)
2 EL Sahne | 3 EL Mehl
200 g Semmelbrösel
6 EL neutrales Pflanzenöl
1/2 Bio-Zitrone | Salz

1 Die Kartoffeln waschen und mit Schale in kochendem Salzwasser zugedeckt in 15–20 Min. bissfest garen. Dann in ein Sieb abgießen, mit kaltem Wasser abschrecken und etwas abkühlen lassen.

2 Die Zwiebel schälen, möglichst klein würfeln und in einem Töpfchen mit der Brühe aufkochen. Die Kartoffeln pellen, noch warm in Scheiben schneiden und in eine Schüssel geben. Nach und nach die Zwiebelbrühe dazugeben und die Kartoffeln immer wieder durchrühren. Mit Essig, Senf, Salz und Pfeffer würzen.

3 Die Radieschen waschen, putzen und in dünne Scheiben hobeln. Den Schnittlauch waschen, trocken schütteln und in Röllchen schneiden.

4 Den Seitan in 4 dünne Scheiben schneiden, diese salzen und pfeffern. In einem tiefen Teller das Ei mit der Sahne verquirlen. Das Mehl und die Semmelbrösel jeweils in einen tiefen Teller geben.

5 Den Seitan zuerst im Mehl wenden, dann durch die Eiersahne ziehen, zuletzt in den Semmelbröseln wenden und diese dabei gut andrücken.

6 Radieschen und Schnittlauch sowie 4 EL Öl unter den Kartoffelsalat mengen und diesen nochmals mit Salz und Pfeffer abschmecken. Zitronenhälfte längs vierteln.

7 In einer Pfanne 6 EL Öl erhitzen. Darin die Seitan-Schnitzel von beiden Seiten in je 3–4 Min. goldbraun braten. Nochmals leicht salzen und mit dem Kartoffelsalat und den Zitronenschnitzen servieren.

MEIN TAUSCHTIPP

*Der Kartoffelsalat schmeckt auch sehr gut mit Gurke anstatt der Radieschen. Dafür **1/2 Bio-Gurke** waschen, in dünne Scheiben schneiden oder hobeln und salzen. 30 Min. Wasser ziehen lassen, dann trocken ausdrücken und unter den Kartoffelsalat heben.*

Raclette-Ofenkartoffeln mit Tomaten-Salsa

FÜR 4 PERSONEN
Zubereitungszeit: ca. 45 Min.
Pro Portion: ca. 565 kcal,
27 g EW, 39 g F, 27 g KH

800 g neue Kartoffeln
1 Knoblauchzehe
1/2 Bio-Zitrone
1 TL Fenchelsamen
1 TL edelsüßes Paprikapulver
4 EL Olivenöl
2 Tomaten
1 Frühlingszwiebel
60 g Mixed Pickles (aus dem Glas)
Salz | Pfeffer
400 g Raclettekäse in Scheiben
50 g Brunnenkresse (ersatzweise Feldsalat oder ein Beet Gartenkresse)

Außerdem:
Auflaufform

1 Den Backofen auf 220° vorheizen. Die Kartoffeln gründlich waschen und halbieren. Den Knoblauch schälen und in Scheibchen schneiden. Zitronenhälfte heiß waschen und abtrocknen, die Schale fein abreiben, den Saft auspressen. In einer Schüssel Kartoffeln, Knoblauch, Zitronenschale, Fenchelsamen, Paprikapulver und 3 EL Olivenöl vermengen. Dann die Kartoffeln mit den Schnittflächen nach oben in die Auflaufform setzen und im heißen Ofen (Mitte) 25–30 Min. garen.

2 Für die Salsa die Tomaten waschen, von den Stielansätzen befreien und in kleine Würfel schneiden. Die Frühlingszwiebel waschen, putzen und in schmale Ringe schneiden. Die Mixed Pickles in ein Sieb abgießen und abtropfen lassen, dann klein schneiden. Alles mit dem Zitronensaft und dem übrigen EL Olivenöl vermengen und mit Salz und Pfeffer abschmecken.

3 Die Kartoffeln aus dem Backofen nehmen und ebenfalls salzen und pfeffern. Zuerst die Salsa und dann den Käse darauf verteilen. Das Ganze im Ofen je nach gewünschter Bräunung weitere 5–10 Min. backen. Die Kresse waschen, putzen, klein zupfen und trocken schütteln. Das Gericht damit garnieren.

MEINE AROMA- UND TAUSCHTIPPS

*Mit **Chilisauce** oder **Tabasco** können Sie die Salsa schärfen. Und statt mit Raclettekäse lassen sich die Kartoffeln auch sehr gut mit **Cheddar** oder **Butterkäse** überbacken. Fans würziger Aromen greifen zu **jungem bis mittelaltem Berg- oder Höhlenkäse.***

Fondue-Kartoffeln mit Nuss-Bratäpfeln

FÜR 2 PERSONEN
Zubereitungszeit: ca. 30 Min.
Pro Portion: ca. 990 kcal,
22 g EW, 69 g F, 51 g KH

4 Schalotten | 1 Knoblauchzehe
600 g festkochende Kartoffeln
6 EL Olivenöl | 2 Lorbeerblätter
1 TL Fenchelsamen
250 ml trockener Weißwein (ersatzweise Gemüsebrühe)
300 ml Gemüsebrühe (s. Grundrezept S. 24 oder Instant)
2 EL ganze Haselnusskerne
4 Stängel Petersilie | 1 Apfel | Salz
Pfeffer | 100 g Gruyère am Stück
100 g Sahne

1 Die Schalotten schälen und klein würfeln. Den Knoblauch schälen, in Scheibchen schneiden. Kartoffeln schälen und würfeln. In einem Topf 4 EL Öl erhitzen und Schalotten, Knoblauch und Kartoffeln zusammen mit Lorbeerblättern und Fenchelsamen darin dünsten, bis die Schalotten glasig sind. Mit dem Wein ablöschen und alles offen ca. 4 Min. kochen. Die Brühe angießen, aufkochen und zugedeckt weitere 12 Min. kochen.

2 In einer Pfanne ohne Fett die Nüsse rösten, dann grob hacken. Petersilie waschen und trocken schütteln, die Blätter grob hacken. Apfel waschen, vierteln und ohne Kerngehäuse in Scheiben schneiden. In der Pfanne das übrige Öl erhitzen und die Apfelscheiben darin unter Wenden ca. 2 Min. braten. Nüsse und Petersilie 1 Min. mitbraten. Salzen, pfeffern und warm stellen.

3 Den Käse fein reiben. Die Sahne unter die Kartoffeln rühren und offen dicklich einkochen. Den Käse dazugeben und unter Rühren schmelzen. Das Ganze mit Salz und Pfeffer würzen. Die Fondue-Kartoffeln mit den Äpfeln auf vorgewärmten Tellern anrichten.

MEINE TAUSCH- UND AROMATIPPS

*Statt Gruyère passt auch junger bis mittelalter **Berg- oder Raclettekäse.***
*Die Fondue-Kartoffeln lassen sich statt von Äpfeln auch gerne von **Nuss-Bratbirnen** begleiten.*
*Für noch mehr Hüttenfeeling können Sie die Kartoffeln mit **1–2 TL Kirschschnaps** flambieren.*

Geschmorte Linsen

mit Ofenkürbis

Ein anheimelndes Herbstessen, das unkompliziert zuzubereiten ist: Während der Kürbis im Ofen gart, duftet der kochende Rotweinfond bereits verführerisch – jetzt nur noch die Linsen dazugeben, und ruck, zuck kann gegessen werden!

FÜR 4 PERSONEN
Zubereitungszeit: 45 Min.
Pro Portion: ca. 405 kcal, 11 g EW, 21 g F, 36 g KH

800 g Hokkaido-Kürbis (geputzt ca. 550 g)
Salz | Pfeffer | 1 TL Fenchelsamen
8 EL Olivenöl
250 g Schalotten
1 Knoblauchzehe
80 g Backpflaumen (ohne Stein)
2 Stück Sternanis
1 EL Tomatenmark
125 ml trockener Rotwein (ersatzweise Gemüsebrühe)
400 ml Gemüsebrühe (s. Grundrezept S. 24 oder Instant)
3 Lorbeerblätter
1 Dose Linsen (850 ml; s. Tipp)
4 Stängel Petersilie
Außerdem:
Backpapier für das Blech

1 Den Ofen auf 220° vorheizen. Den Kürbis waschen und die Fasern und Kerne entfernen. Das Fruchtfleisch ungeschält in 2–3 cm dicke Spalten schneiden. Ein Blech mit Backpapier belegen. Die Kürbisspalten darauf verteilen, salzen und pfeffern, mit den Fenchelsamen bestreuen und mit 4 EL Öl beträufeln. Im heißen Backofen (Mitte) 25–30 Min. garen.

2 Inzwischen die Schalotten schälen und halbieren. Den Knoblauch schälen und in Scheibchen schneiden. Die Backpflaumen halbieren. In einem Topf das übrige Öl erhitzen und die Schalotten darin hellbraun anbraten. Dann Knoblauch, Backpflaumen, Sternanis und Tomatenmark unterrühren. Mit dem Rotwein ablöschen und alles bei mittlerer Hitze weitere 5 Min. schmoren. Dann die Gemüsebrühe angießen, den Lorbeer dazugeben und alles offen weitere 10 Min. kochen.

3 Die Linsen in ein Sieb abgießen, abtropfen lassen, zu den Schalotten geben und offen in weiteren 2 Min. erhitzen. Den Sternanis und den Lorbeer entfernen, das Gemüse mit Salz und Pfeffer abschmecken.

4 Die Petersilie waschen und trocken schütteln, die Blätter hacken. Die Linsen auf die vorgewärmten Teller verteilen und die Kürbisspalten daraufsetzen. Mit Petersilie bestreut servieren.

MEINE TAUSCH- UND AROMATIPPS

Das Gericht lässt sich auch mit ***getrockneten Linsen*** *zubereiten; siehe dazu Tipp auf Seite 47. Für dieses Gericht müssen Sie sie nach dem Garen und Abgießen kalt abschrecken. Ob Dosen- oder Trockenware: Mit* ***1 mitgekochten Chilischote*** *können Sie die Linsen schärfen. Servieren Sie (für Nicht-Veganer) als kühlenden Kontrast dazu* ***leicht gesalzene Crème fraîche.***

Kürbis und Linsen: eine
unschlagbar gute Kombi!

Ofenschlupfer mit Schnittlauchguss

FÜR 4 PERSONEN
Zubereitungszeit: ca. 35 Min.
Pro Portion: ca. 580 kcal,
30 g EW, 31 g F, 43 g KH

Für die Ofenschlupfer:
4–6 Scheiben altbackenes Bauernbrot (ca. 350 g)
4 EL trockener Weißwein (ersatzweise Gemüsebrühe)
200 g junger Bergkäse
1 Zwiebel | 1 Apfel

Für den Guss:
100 g Sahne
je 1/2 TL Kümmel- und Fenchelsamen
1 Knoblauchzehe
1/2 Bund Schnittlauch
1 Ei (Größe M)
80 g frisch geriebener Parmesan (s. S. 13)
Salz | Pfeffer

Außerdem:
Auflaufform | Butter für die Form

1 Das Brot auf einen Teller legen und mit dem Weißwein beträufeln. Den Käse gegebenenfalls entrinden, dann in Scheiben schneiden. Die Zwiebel schälen und in Ringe schneiden. Den Apfel waschen, das Kerngehäuse mit einem Ausstecher entfernen, den Apfel quer in Scheiben schneiden. Die Auflaufform mit Butter einfetten. Brot- und Käsescheiben sowie Zwiebel- und Apfelringe abwechselnd dachziegelartig einschichten.

2 Den Backofen auf 220° vorheizen. Für den Guss in einem kleinen Topf die Sahne mit den Kümmel- und Fenchelsamen leicht erwärmen. Den Knoblauch schälen und in Scheibchen schneiden. Den Schnittlauch waschen, trocken schütteln und in Röllchen schneiden. Beides zusammen mit dem Ei und dem Parmesan rasch unter die Sahne rühren, dann salzen und pfeffern.

3 Den Schnittlauchguss auf dem Auflauf verteilen und die Form in den heißen Ofen (Mitte) stellen. Die Ofenschlupfer in 15–20 Min. goldbraun backen.

MEINE TAUSCH- UND BEILAGENTIPPS

Die Ofenschlupfer können Sie auch mit ***Brötchen*** *oder* ***Weißbrot*** *vom Vortag zubereiten.*
Auch ***andere Käsesorten*** *oder übrig gebliebener Aufschnitt von Gouda, Tilsiter, Höhlenkäse, Cheddar oder Camembert schmecken – alles geht.*
Und immer passt ein frischer ***Blattsalat*** *bestens dazu.*

Gruyère-Grießschnitten mit Gemüsesalat

FÜR 4 PERSONEN
Zubereitungszeit: ca. 35 Min.
Pro Portion: ca. 575 kcal,
15 g EW, 38 g F, 40 g KH

500 ml Milch | 30 g Butter
1 Knoblauchzehe
150 g Polenta (Maisgrieß)
60 g frisch geriebener Gruyère
1 Ei (Größe M) | Salz | Pfeffer
120 g grüne Bohnen
1 grüne Paprikaschote
1 Bio-Salatgurke
1 Zwiebel
3 EL trockener Weißwein
(ersatzweise Gemüsebrühe)
1 EL körniger Senf
8 EL Olivenöl
1 Prise Zucker
Außerdem:
Backpapier

1 Die Milch zusammen mit der Butter in einen Topf geben. Den Knoblauch schälen und dazupressen, dann alles aufkochen. Bei mittlerer Hitze den Polentagrieß langsam mit dem Schneebesen einrühren und unter Weiterrühren ca. 2 Min. kochen. Käse und Ei rasch unterrühren. Die Masse salzen und pfeffern und zwischen zwei Lagen Backpapier ca. 1,5 cm dick ausrollen. In ca. 40 Min. ganz auskühlen lassen.

2 Inzwischen die Bohnen waschen, putzen und in kochendem Salzwasser zugedeckt ca. 12 Min. garen. Paprikaschote waschen, halbieren, putzen und würfeln. Die Gurke waschen, längs vierteln und quer in Scheiben schneiden. Die Zwiebel schälen und klein würfeln.

3 Den Wein mit dem Senf und 4 EL Olivenöl zu einer Vinaigrette verrühren, mit Salz, Pfeffer und dem Zucker würzen. Die Bohnen abgießen, kalt abschrecken, abtropfen lassen und mit dem übrigen Gemüse und der Vinaigrette mischen.

4 Die Polenta in Rauten schneiden. In einer großen beschichteten Pfanne das restliche Öl erhitzen und die Rauten darin von beiden Seiten in je 2–3 Min. goldbraun braten. Mit dem Salat servieren.

Tofu-Apfel-Spieße

auf Erbsenpüree

»Himmel und Erde«: Erdäpfel und Äpfel vom Baum – hier auf einem Veggie-Teller opulent kombiniert: Cremiges Püree trifft auf rauchigen Tofu, würzige Zwiebeln und süße Äpfel. Die Spieße lassen sich übrigens auch ganz hervorragend auf dem Grill zubereiten!

FÜR 4 PERSONEN
Zubereitungszeit: ca. 45 Min.
Pro Portion: ca. 580 kcal,
25 g EW, 36 g F, 38 g KH

600 g mehligkochende Kartoffeln
Salz
400 g frische Erbsen (s. Tipp; ersatzweise TK-Erbsen)
300 g Räuchertofu
1 Zwiebel | 1 Apfel
Pfeffer
4 EL neutrales Pflanzenöl
100–150 g Sahne
40 g Butter

Außerdem:
4 Holzspieße

1 Die Kartoffeln waschen und ungeschält in kochendem Salzwasser zugedeckt in 15–20 Min. bissfest garen.

2 Frische Erbsen aus den Hülsen palen und in kochendem Salzwasser zugedeckt bei mittlerer Hitze ca. 5 Min. garen; TK-Erbsen nach Packungsanweisung garen. Die Erbsen in einem Sieb kalt abschrecken.

3 Für die Spieße den Tofu längs halbieren und quer in Scheiben schneiden. Die Zwiebel schälen und vierteln, die Viertel in einzelne Stücke trennen. Den Apfel waschen und vierteln, das Kerngehäuse entfernen und die Viertel in Scheiben schneiden.

4 Den Backofen auf 80° vorheizen. Die Holzspieße abwechselnd mit Tofuscheiben, Zwiebelstücken und Apfelscheiben bestücken. In einer Pfanne das Öl erhitzen und die Spieße darin rundum goldbraun anbraten. Mit Salz und Pfeffer würzen und bis zum Servieren im heißen Backofen warm halten.

5 Die Kartoffeln abgießen und kurz ausdampfen lassen, dann pellen und zusammen mit den Erbsen in einen Topf geben. Die Sahne und die Butter dazugeben, alles aufkochen und salzen. Bei schwacher Hitze mit einem Kartoffelstampfer oder einem stabilen Schneebesen alles zu Püree verarbeiten. Das Püree zusammen mit den Spießen servieren.

MEIN TAUSCHTIPP

*Frisch aus der Hülse **gepalte Erbsen** schmecken unvergleichlich gut! Nutzen Sie also die Saison im Frühsommer und palen Sie selbst: Für 400 g Erbsen brauchen sie ca. 1 kg Erbsenschoten.*

Blumenkohl-Risotto mit Gorgonzola

FÜR 4 PERSONEN
Zubereitungszeit: 1 Std.
Pro Portion: ca. 550 kcal,
15 g EW, 31 g F, 47 g KH

500 ml Gemüsebrühe (s. Grundrezept S. 24 oder Instant)
1 Knoblauchzehe
4 EL Olivenöl
200 g Risottoreis
150 ml trockener Weißwein (ersatzweise Gemüsebrühe)

1 kleiner Blumenkohl
150 g Sahne
4 EL Perlzwiebeln (aus dem Glas)
4 Stängel Petersilie
100 g Gorgonzola
Salz
Pfeffer

1 In einem kleineren Topf die Brühe erhitzen. Den Knoblauch schälen und in Scheibchen schneiden.

2 In einem großen Topf das Olivenöl erhitzen, den Knoblauch und den Reis hineingeben, kurz andünsten, dann mit dem Wein ablöschen und aufkochen. Etwas heiße Gemüsebrühe dazugeben und unter Rühren fast ganz verkochen, dann wieder etwas Brühe angießen. Auf diese Weise den Risotto ca. 20 Min. kochen; er sollte jetzt weich mit zartem Biss sein. *

3 Den Blumenkohl waschen, vom Strunk schneiden und in sehr kleine Röschen zerteilen. Den Blumenkohl zum Risotto geben, dann die Sahne dazugießen und das Ganze unter ständigem Rühren in weiteren 8–10 Min. cremig einkochen.

4 Inzwischen die Perlzwiebeln abtropfen lassen und grob hacken. Die Petersilie waschen und trocken schütteln, die Blätter hacken. Den Gorgonzola zerkleinern. Alles zum Risotto geben und rühren, bis der Käse geschmolzen ist und sich gleichmäßig verteilt hat. Mit Salz und Pfeffer würzen und sofort servieren.

MEIN TAUSCHTIPP

*Sind Sie kein Freund von würzigem Blauschimmelkäse? Statt Gorgonzola eignen sich auch mildere Sorten wie **Gruyère** oder **Raclettekäse**.*

* *Risottoreis hat je nach Sorte und Produzent unterschiedliche Garzeiten. Beachten Sie deshalb beim Kochen die Packungsangabe.*

Seitan-Geschnetzeltes Zürcher Art

FÜR 4 PERSONEN
Zubereitungszeit: ca. 35 Min.
Pro Portion: ca. 490 kcal,
21 g EW, 27 g F, 35 g KH

800 g vorwiegend festkochende Kartoffeln | Salz
250 g Champignons
250 g Seitan | 1 Schalotte
1/2 Bio-Zitrone | 4 Stängel Petersilie
4 EL neutrales Pflanzenöl
1 EL Mehl
125 ml trockener Weißwein (ersatzweise Gemüsebrühe)
250 ml Gemüsebrühe (s. Grundrezept S. 24 oder Instant)
200 g Sahne | Pfeffer

1 Die Kartoffeln schälen und zugedeckt in kochendem Salzwasser in 15–25 Min. bissfest garen. Die Champignons trocken abreiben, putzen und in Scheiben schneiden. Den Seitan in schmale Streifen schneiden.

2 Die Schalotte schälen und klein würfeln. Zitronenhälfte heiß waschen und abtrocknen, die Schale fein abreiben, den Saft auspressen. Petersilie waschen und trocken schütteln, die Blätter hacken.

3 In einer großen Pfanne das Öl erhitzen. Die Pilze, den Seitan und die Schalotten darin goldbraun braten. Das Mehl darüberstäuben und unterrühren. Mit Wein ablöschen, aufkochen und die Brühe zugießen. Wieder aufkochen und die Sahne zugießen. Nochmals aufkochen und mit Salz und Pfeffer würzen.

4 Die Petersilie (bis auf 1 TL) sowie Zitronensaft und -schale unterrühren und das Geschnetzelte offen bei mittlerer Hitze bis zur gewünschten Sämigkeit einkochen. Die Kartoffeln abgießen, mit übriger Petersilie bestreuen und zum Geschnetzelten servieren.

MEIN AROMATIPP

Eine säuerliche Note passt gut zum Geschnetzelten: ***Gegarte Rote Bete*** *und/oder* ***eingelegte Gurken*** *in Streifen schneiden und am Ende 1 Min. mitgaren.*

Wirsingrouladen

mit Linsen-Mandel-Füllung

Eine nussige Füllung mit Linsen, Salzmandeln, feinem Kraut und süßen Cranberrys machen aus Großmutters Küchenklassiker ein feines Veggie-Essen mit neuzeitlichem Innenleben. Mit Senfsauce serviert, haben die Wickel das Zeug zum neuen Klassiker!

FÜR 4 PERSONEN
Zubereitungszeit:
ca. 1 Std. 15 Min.
Pro Portion: ca. 585 kcal,
15 g EW, 44 g F, 26 g KH

1 Kopf Wirsing (ca. 900 g) | Salz
1 Dose Linsen (425 ml; s. Tipp S. 47)
100 g Sauerkraut (aus der Dose)
4 EL gesalzene geröstete Mandeln
4 EL getrocknete Cranberrys
8 EL neutrales Pflanzenöl
1 TL Kümmelsamen
Pfeffer | 2 Prisen Zucker
2 Schalotten
125 ml trockener Weißwein
(ersatzweise Gemüsebrühe)
400 ml Gemüsebrühe (s. Grundrezept S. 24 oder Instant)
200 g Sahne
1/2 Bund Petersilie
1–2 EL Dijonsenf
Außerdem:
Zahnstocher | Bräter

1 Vom Wirsing außen 16 schöne große Blätter lösen, waschen und in kochendem Salzwasser ca. 5 Min. garen. In einem Sieb kalt abschrecken und abtropfen lassen, dann zwischen sauberen Geschirrtüchern abtrocknen. Den übrigen Kohl waschen, vierteln und ohne Strunk in schmale Streifen hobeln. Die Linsen in einem Sieb kalt abbrausen und abtropfen lassen. Das Sauerkraut trocken ausdrücken und fein zerschneiden.

2 Für die Füllung die Mandeln und die Cranberrys grob hacken. In einem Topf 4 EL Öl erhitzen und darin die Kohlstreifen, das Sauerkraut und den Kümmel hellbraun anbraten. Mandeln, Cranberrys und Linsen darunterrühren und ca. 5 Min. mitschmoren. Mit Salz, Pfeffer und 1 guten Prise Zucker würzen. Etwas abkühlen lassen.

3 Je 1 helleres und 1 dunkleres Wirsingblatt einander überlappend auf ein sauberes Geschirrtuch legen und jeweils ein Achtel der Füllung in die Mitte geben. Die Seiten einschlagen, die Blätter zu einer Roulade zusammenrollen und mit Zahnstochern fixieren.

4 In einer ofenfesten Pfanne oder einem Bräter das übrige Öl erhitzen. Die Rouladen darin rundum goldbraun braten, salzen und pfeffern, dann vom Herd nehmen. Den Backofen auf 220° vorheizen.

5 Die Schalotten schälen, in kleine Würfel schneiden und in einem Topf mit dem Weißwein offen 2 Min. kochen. Die Gemüsebrühe dazugießen und alles offen weitere 5 Min. kochen. Zuletzt die Sahne dazugeben und nochmals offen 5 Min. kochen.

6 Inzwischen die Petersilie waschen und trocken schütteln. Die Blätter hacken und zusammen mit dem Senf zur Sauce geben. Diese mit dem Pürierstab fein pürieren, dann mit Salz, Pfeffer und 1 Prise Zucker würzen. Über die Rouladen gießen und das Ganze im heißen Ofen (Mitte) ca. 20 Min. garen. Dazu passen sehr gut Salzkartoffeln oder Reis.

Steinpilz-Kartoffelgratin

FÜR 4 PERSONEN
Zubereitungszeit: ca. 1 Std.
Pro Portion: ca. 360 kcal,
8 g EW, 23 g F, 30 g KH

2 Schalotten | 1 Knoblauchzehe
100 g getrocknete Steinpilze
50 g Butter
150 ml Gemüsebrühe (s. Grundrezept S. 24 oder Instant)
150 g Sahne
Salz | Pfeffer
800 g festkochende Kartoffeln
150 g grüne Bohnen
500 g grüner Spargel
abgeriebene Schale von 1/2 Bio-Zitrone
1–3 TL frisch gepresster Zitronensaft (nach Belieben)

Außerdem:
ofenfeste Form

1 Den Ofen auf 220° vorheizen. Für den Guss die Schalotten schälen und klein würfeln. Den Knoblauch schälen und in Scheibchen schneiden. Die Pilze klein schneiden. In einem kleinen Topf 20 g Butter schmelzen, Zwiebeln und Knoblauch darin glasig dünsten. Pilze dazugeben, Brühe und Sahne angießen. Aufkochen, dann salzen und pfeffern und vom Herd nehmen.

2 Die Kartoffeln schälen und in dünne Scheiben schneiden. Die rohen Scheiben gefächert in die Form legen. Den Guss daraufgeben und das Gratin im heißen Backofen (Mitte) ca. 30 Min. backen.

3 Inzwischen die Bohnen waschen und putzen. Den Spargel waschen und die Stangen im unteren Drittel schälen, holzige Enden abschneiden.

4 Die Bohnen in reichlich kochendem Salzwasser zugedeckt ca. 10 Min. kochen, dabei den Spargel nach 6 Min. Garzeit dazugeben.

5 In einem großen Topf die übrige Butter schmelzen und die Zitronenschale dazugeben. Das Gemüse in ein Sieb abgießen, dann sofort tropfnass in der Zitronenbutter schwenken. Salzen und pfeffern und nach Belieben mit Zitronensaft abschmecken. Das Gemüse zusammen mit dem Gratin servieren.

MEINE AROMATIPPS

*Für zusätzliches Kräuteraroma können Sie die Gratinsauce mit den Blättchen von **2 Zweigen Thymian** veredeln und die Zitronenbutter mit etwas **Bohnenkraut** würzen.*

Pilz-Schmarren mit Romanasalat

FÜR 2 PERSONEN
Zubereitungszeit: ca. 35 Min.
Pro Portion: ca. 800 kcal,
32 g EW, 67 g F, 18 g KH

3 Frühlingszwiebeln
5 Eier (Größe M)
125 ml Milch | 2 EL Mehl
2 TL Backpulver | Salz | Pfeffer
300 g gemischte Pilze
4 EL neutrales Pflanzenöl

4 Stängel Dill
120 g saure Sahne
1–2 TL mittelscharfer Senf
2 Romanasalatherzen | 40 g Butter
Außerdem:
ofenfeste Pfanne

1 Die Frühlingszwiebeln waschen, putzen, in schmale Ringe schneiden und in einer Schüssel mit den Eiern, der Milch, dem Mehl und dem Backpulver glatt rühren. Salzen und pfeffern und 10 Min. quellen lassen.

2 Inzwischen den Backofen auf 220° vorheizen. Die Pilze trocken abreiben, putzen und in Würfel schneiden. In der ofenfesten Pfanne das Öl erhitzen und die Pilze darin goldbraun braten; austretendes Wasser verdampfen lassen und die Pilze weiterbraten. Den Teig dazugeben, in ca. 1 Min. stocken lassen und dann das Ganze im heißen Ofen (Mitte) ca. 12 Min. backen.

3 Inzwischen den Dill waschen, trocken schütteln, von den Stielen zupfen, klein schneiden und mit saurer Sahne und Senf verrühren. Mit Salz würzen.

4 Den Salat putzen, in Blätter zerteilen, waschen und trocken schleudern. Den Schmarren aus dem Ofen nehmen und grob zerzupfen. Die Butter dazugeben und den Schmarren 2 Min. darin braten. Den Salat mit dem Dilldressing anrichten und zum Schmarren servieren.

MEINE TAUSCH- UND AROMATIPPS

Anstelle von Romanasalat passen auch ***Kopf-, Eisberg-*** *oder* ***gemischter Blattsalat*** *zum Pilz-Schmarren. Wenn Ihnen beim Dressing nach mehr Säure ist, geben Sie* ***1 TL Weißweinessig*** *oder ein* ***paar Spritzer Zitronensaft*** *dazu. Feine Kräuterfrische erhält der Schmarren mit* ***frisch gehacktem Majoran*** *oder* ***Kräutern der Provence.***

Der relaxte SÜDEN

LASST DIE SONNE REIN! UND DIE MITTELMEERKÜCHE AUS ITALIEN, FRANKREICH, GRIECHENLAND, SPANIEN UND DER TÜRKEI: DENN SO SCHMECKT DER SOMMER!

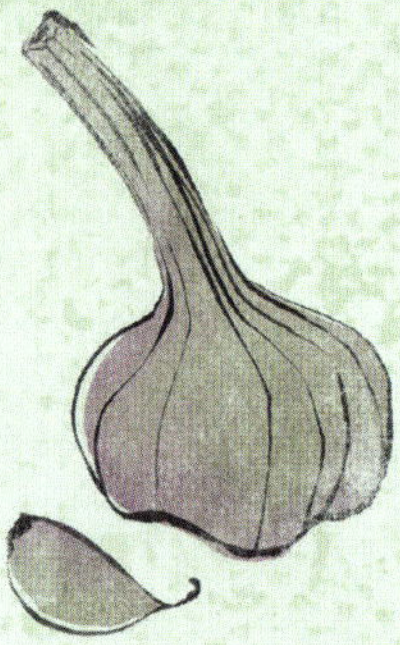

So schmeckt der relaxte Süden

Flirrende Hitze, laue Sommerabende, ein caffè *auf der Piazza, ein Glas Wein unter der Pergola… Doch was wäre der Süden ohne sonnensüße Tomaten, feinherbe Oliven und würziges Basilikum? Der halbe Genuss, würde ich sagen!*

1 Tomaten

… sind die Basis der mediterranen Küche schlechthin. Getrocknet werden sie zum natürlichen Geschmacksverstärker mit einer guten Portion *umami* – neben salzig, sauer, bitter und süß der fünfte Basisgeschmack. Im Japanischen das Wort für »herzhaft wohlschmeckend«.

2 Basilikum

Die »Petersilie des Südens« wächst und gedeiht zwar bestens in der Hitze, verträgt sie in der Küche aber ganz und gar nicht. Daher Basilikum immer erst kurz vor dem Servieren dazugeben, sonst verpufft all sein Aroma – das man mit selbst gemachtem Basilikumpesto wunderbar konservieren kann.

3 Kichererbsen & Co.

Hülsenfrüchte sind rund ums Mittelmeer eine Basiszutat und werden gerne mit frischem Gemüse und bestem Olivenöl kombiniert. Besonders wertvoll für Vegetarier: Darin stecken jede Menge Eiweiß, B-Vitamine und Mineralstoffe wie etwa Kalium, Magnesium und Eisen.

4 Safran

100.000–200.000 Blütennarben des Safrankrokus' müssen sorgsam von Hand gepflückt werden, um gerade mal 1 Kilo des zartherben Gewürzes zu erhalten. Safran ist also teuer und wird gerne gestreckt, etwa mit Kurkuma. Darum am besten nur ganze Fäden kaufen; die lassen sich kaum verfälschen.

5 Knoblauch

»Stinkende Rose« nannten die alten Griechen die Knolle, die in der Mittelmeerküche nicht fehlen darf. Jung und frisch schmeckt er milder als getrocknete Lagerware, die es ganzjährig gibt. Aber: Knoblauch stinkt nicht – er duftet! Wer anderer Meinung ist, trinkt nach dem Knoblauchkonsum ein Glas Milch.

6 Oliven

Ob für edles Öl der Qualitätsstufe *olio d'oliva extra vergine* gepresst oder eingelegt zum Naschen, Würzen und Kochen – die Steinfrucht ist sehr vielseitig. Und reich an Varietäten: Allein in Spanien werden 200 Sorten angebaut; die bekannteste Tischolive von dort ist wohl die Manzanilla aus der Provinz Sevilla.

»Caesar Salad«

mit Pfeffer-Seitan

Diese weltberühmte Salatkomposition aus der Neuen Welt hat italienische Wurzeln: Der am Lago Maggiore geborene Auswanderer Cesare Cardini gilt als Erfinder des Rezepts, das bereits in den 1920er-Jahren in den USA Karriere machte. Hier eine üppige Variante des Klassikers.

FÜR 2 PERSONEN
Zubereitungszeit: ca. 25 Min.
Pro Portion: ca. 1020 kcal, 57 g EW, 51 g F, 82 g KH

1/2 Baguette
6 EL Olivenöl
Salz | Pfeffer
2 Romanasalatherzen
200 g Kirschtomaten
1/2 rote Zwiebel
1 Dose weiße Riesenbohnen (425 ml)
80 g Parmesan (s. S. 13) am Stück
1 Knoblauchzehe
200 g Sahnejoghurt
1 EL Weißweinessig
200 g Seitan *

* *aus dem Bio- oder Asienladen*

1 Den Backofengrill auf 200° vorheizen. Das Baguette in dünne Scheiben schneiden, diese mit 2 EL Olivenöl beträufeln und mit Salz und Pfeffer bestreuen. Die Scheiben auf ein Backblech legen und im Backofen unter dem Grill hellbraun rösten; dabei im Auge behalten, denn das geht sehr schnell! Das geröstete Brot herausnehmen und beiseitestellen.

2 Die Salatherzen putzen, in Blätter zerpflücken und waschen, dann trocken schleudern und mundgerecht zerzupfen. Die Kirschtomaten waschen und halbieren. Die Zwiebel schälen und in Ringe schneiden. Die Bohnen in ein Sieb abgießen, mit kaltem Wasser spülen und abtropfen lassen. Alle Salatzutaten in einer Schüssel mischen und mit Salz und Pfeffer würzen.

3 Für das Dressing 20 g Parmesan fein in eine Schüssel reiben. Die Knoblauchzehe schälen, in Scheibchen schneiden und dazugeben. Den Joghurt und den Essig sowie 1 EL Olivenöl ebenfalls dazugeben und alles verrühren. Mit Salz und Pfeffer abschmecken.

4 Den Seitan in Scheiben und diese in mundgerechte Stücke schneiden. In einer großen Pfanne das übrige Olivenöl erhitzen und den Seitan darin in 3–5 Min. goldbraun braten. Mit Salz und Pfeffer würzen.

5 Den Salat mit dem Seitan auf Tellern anrichten und mit dem Dressing beträufeln. Den restlichen Parmesan darüberhobeln. Die Brotscheiben dazugeben und den Salat servieren.

Gebackene Austernpilze

mit Avocado-Gurkensalat

FÜR 2 PERSONEN
Zubereitungszeit: ca. 25 Min.
Pro Portion: ca. 695 kcal,
12 g EW, 56 g F, 33 g KH

1 Knoblauchzehe | 1 Bio-Limette
3 EL Mayonnaise
Salz | Cayennepfeffer
1/2 Bio-Salatgurke | 1 Avocado

6 EL Olivenöl
200 g Austernpilze
1 Ei (Größe M)
8 EL Semmelbrösel

1 Den Knoblauch schälen und in kleine Würfel schneiden. Die Limette heiß waschen und abtrocknen, die Schale abreiben, den Saft auspressen. In einer kleinen Schüssel die Hälfte des Safts mit dem Limettenabrieb, dem Knoblauch und der Mayonnaise verrühren. Mit Salz und Cayennepfeffer würzen und beiseitestellen.

2 Für den Salat die Gurkenhälfte waschen und in mundgerechte Würfel schneiden. Die Avocado halbieren und den Kern entfernen. Das Fruchtfleisch mit einem Löffel aus der Schale lösen und würfeln. Gurken- und Avocadowürfel mit dem übrigen Limettensaft und 1 EL Öl vermengen. Mit Salz und Cayennepfeffer würzen.

3 Die Pilze vorsichtig trocken abreiben, putzen und in mundgerechte Stücke schneiden.

4 In einer Schüssel das Ei mit Salz verquirlen und die Pilze darin wenden. In einen tiefen Teller die Semmelbrösel geben und die Pilze darin wälzen, dabei die Brösel leicht andrücken.

5 In einer beschichteten Pfanne das übrige Öl erhitzen und die Pilze darin goldbraun braten. Auf Küchenpapier entfetten, dann nochmals salzen. Mit Avocado-Gurkensalat und der Limetten-Mayonnaise servieren.

MEINE TAUSCHTIPPS

*Statt der Limettenmayo passt auch eine **Zitronen-Mayonnaise** sehr gut zu den Austernpilzen. Und die letzteren können Sie nach Lust, Laune und Saison gegen **Portobellopilze** tauschen.*

Bohnen-Trio mit Zaziki

FÜR 2 PERSONEN
Zubereitungszeit: ca. 25 Min.
Pro Portion: ca. 905 kcal,
44 g EW, 49 g F, 77 g KH

1 Bio-Salatgurke | Salz
150 g grüne Bohnen
1 Knoblauchzehe | 4 Stängel Dill
je 1 Dose Kidney- und weiße Bohnen (je 425 ml)
1 rote Zwiebel

ca. 2 EL Weißweinessig
8 EL Olivenöl | Pfeffer
200 g Seitan*
150 g Sahnejoghurt

* *aus dem Bio- oder Asienladen*

1 Die Gurke waschen, putzen und ungeschält in dünne Scheiben hobeln. Diese in einer Schüssel salzen und beiseitestellen. Die grünen Bohnen waschen und putzen. Dann in kochendem Salzwasser zugedeckt bei mittlerer Hitze ca. 12 Min. garen.

2 Inzwischen den Knoblauch schälen. Dill waschen, von den Stielen zupfen und trocken schütteln. Beides hacken. Die grünen Bohnen in einem Sieb kalt abschrecken und in eine Salatschüssel geben.

3 Die roten und weißen Bohnen ins Sieb abgießen, abtropfen lassen und zu den grünen Bohnen geben. Die Zwiebel schälen und in Ringe schneiden, diese zu den Bohnen geben. Den Salat mit 1–2 EL Essig und 4 EL Öl mischen, dann salzen und pfeffern.

4 In einer Pfanne 3 EL Olivenöl erhitzen. Den Seitan in Scheiben schneiden und im Öl goldbraun braten, dann mit Salz und Pfeffer würzen.

5 Für das Zaziki die Gurkenscheiben ausdrücken und mit dem Joghurt, dem restlichen Öl sowie 1 Spritzer Essig verrühren. Mit Salz und Pfeffer abschmecken. Das Zaziki zum Bohnensalat und den Seitanschnitzeln servieren. Dazu passt Baguette oder Fladenbrot.

MEINE AROMA- UND TAUSCHTIPPS

*Eine feine Schärfe bekommt der Gurkensalat mit etwas **Wasabi-Paste** (aus dem Asienladen).*
*Statt mit Seitan schmeckt das Gericht auch mit **gebratenem Halloumi** (zyprischer Grillkäse).*

Gebratene Gemüsespieße

mit Bohnencreme

Die Gemüsespieße gelingen in der Pfanne und auf dem Grill gleichermaßen gut, und das cremige Bohnenpüree mit feurigem Chili-Öl ist die ideale Dip-Beilage zum Fingerfood. Ein absolut scharfer Tipp für die nächste Grillparty!

FÜR 2 PERSONEN
Zubereitungszeit: ca. 35 Min. ✱
Pro Portion: ca. 735 kcal,
19 g EW, 58 g F, 35 g KH

1 Knoblauchzehe
11 EL Olivenöl | 3 Lorbeerblätter
1 Zweig Rosmarin
100 ml Gemüsebrühe (s. Grundrezept S. 24 oder Instant)
1 Dose weiße Bohnen (850 ml)
Salz | Pfeffer
1/2–1 frische rote Chilischote
1 TL edelsüßes Paprikapulver
Saft von 1/2 Limette
1/2 kleiner Zucchino
1 rote Paprikaschote
1/2 rote Zwiebel
8 kleine Champignons

Außerdem:
4 Holzspieße

1 Für die Bohnencreme den Knoblauch ungeschält halbieren. In einem Topf in 4 EL Olivenöl Knoblauch, Lorbeer und Rosmarin erhitzen, dann die Brühe dazugießen. Die Bohnen in einem Sieb abtropfen lassen, dann zum Würzsud geben und offen ca. 4 Min. kochen. Mit Salz und Pfeffer würzen und warm stellen.

2 Für das Chili-Öl die Chilischote waschen, putzen, je nach gewünschter Schärfe entkernen und in schmale Streifen schneiden. Diese mit dem Paprikapulver und 3 EL Olivenöl leicht erwärmen. Den Limettensaft dazugeben. Das Chili-Öl salzen und beiseitestellen.

3 Für die Gemüsespieße den Zucchino waschen und in Scheiben schneiden. Die Paprikaschote waschen, halbieren, putzen und in Stücke etwa in Größe der Zucchinischeiben schneiden.

4 Die Zwiebelhälfte schälen und halbieren, die Segmente voneinander trennen. Die Pilze trocken abreiben und putzen. Zucchini, Paprika, Zwiebeln und Champignons abwechselnd auf die Holzspieße stecken.

5 In einer großen Pfanne die übrigen 4 EL Olivenöl erhitzen und die Spieße darin bei mittlerer Hitze rundherum goldbraun braten. Anschließend mit Salz und Pfeffer würzen und warm stellen.

6 Knoblauch, Lorbeer und Rosmarin aus der Bohnenmischung entfernen, dann etwa zwei Drittel der Bohnen mit dem Pürierstab pürieren. Die restlichen ganzen Bohnen daruntermischen und alles mit Salz und Pfeffer abschmecken. Die Spieße zusammen mit der Bohnencreme und dem Chili-Öl servieren.

MEINE AROMA- UND TAUSCHTIPPS

Die Spieße können Sie zusätzlich mit ***Räuchertofu*** *oder* ***Seitan*** *bestücken, und sehr gut schmecken statt der Champignons* ***Shiitake-Pilze.***

✱ *Wenn Sie genügend Zeit haben, sollten Sie die Spieße einige Stunden in Olivenöl mit gehackten Kräutern und durchgepresstem Knoblauch oder Currypulver marinieren.*

Im **Sommer** wollen die **Spieße** unbedingt **gegrillt** werden!

Grüner Spargel
mit Seidentofu-Mayonnaise

Weißer Spargel ist in den meisten südlichen Ländern unbekannt. Dort bevorzugt man den würzigen grünen Spargel, der sich auch mit kräftigen Beigaben wie Kapernäpfeln, getrockneten Tomaten und feiner Seidentofu-Safran-Mayonnaise sehr gut verträgt.

FÜR 2 PERSONEN
Zubereitungszeit: ca. 35 Min.
Pro Portion: ca. 525 kcal,
16 g EW, 28 g F, 50 g KH

600 g kleine neue Kartoffeln
5 EL Olivenöl | grobes Meersalz
120 g Seidentofu*
5 Safranfäden
Salz | Pfeffer
Weißwein- oder Estragonessig
1 kg grüner Spargel
1 Prise Zucker
1 rote Zwiebel
1 Knoblauchzehe
4 getrocknete Soft-Tomaten
2–3 EL Kapernäpfel (aus dem Glas)
Außerdem:
ofenfeste Form

* *aus dem Bio- oder Asienladen*

1 Den Backofen auf 220° vorheizen. Die Kartoffeln gründlich waschen und in der Form mit 1 EL Olivenöl vermengen. Mit etwas grobem Salz bestreuen und im heißen Ofen (Mitte) 25–30 Min. garen.

2 Für die Tofu-Mayonnaise den Seidentofu und den Safran mit dem Pürierstab cremig pürieren und mit Salz, Pfeffer und 1 Spritzer Essig abschmecken.

3 Inzwischen den Spargel waschen. Die Stangen nur im unteren Drittel schälen, holzige Enden abschneiden. Den Spargel in einen weiten Topf geben, knapp mit Wasser bedecken, aufkochen und mit Salz, Pfeffer und dem Zucker würzen. Den Spargel zugedeckt bei schwacher Hitze 8–10 Min. sanft köcheln.

4 Währenddessen die Zwiebel schälen und in Ringe schneiden. Den Knoblauch schälen und zusammen mit den Soft-Tomaten hacken. Größere Kapernäpfel halbieren, kleinere Exemplare ganz lassen.

5 In einer Pfanne das übrige Olivenöl erhitzen. Zwiebelringe, Tomaten, Knoblauch und Kapernäpfel darin dünsten, bis die Zwiebeln glasig sind. Mit ca. 6 EL Spargelkochwasser ablöschen und offen kochen, bis die Flüssigkeit vollständig verdampft ist.

6 Den Spargel mit einer Schaumkelle aus dem Sud heben und abtropfen lassen. Mit dem Pfannengemüse auf Tellern anrichten und mit der Tofu-Mayonnaise und den Ofenkartoffeln servieren.

MEINE AROMATIPPS

*Statt mit Safran können Sie die Tofu-Mayonnaise auch ganz anders würzen: Sehr gut schmeckt **mitpüriertes** frisches **Basilikum** oder **Estragon** und etwas **fein abgeriebene Bio-Zitronen- oder -Limettenschale.** Auch mit **körnigem Senf** oder **geriebenem Meerrettich** kann sie köstlich abgeschmeckt werden.*

Safran-Bouillongemüse

mit Pesto verde

Dieses feine Bouillongemüse mit jungen Bundmöhren, Lauch und Kartoffeln à la française *kommt mit gerösteten Pinienkernen, hausgemachtem Pesto verde und Crème fraîche auf den Tisch – ein Teller Sommer, zum Weglöffeln gut!*

FÜR 4 PERSONEN
Zubereitungszeit: 30 Min.
Pro Portion: ca. 295 kcal, 6 g EW, 18 g F, 26 g KH

600 g festkochende Kartoffeln
Salz | 400 g Bundmöhren
600 ml Gemüsebrühe (s. Grundrezept S. 24 oder Instant)
1 Msp. gemahlener Safran
1/2 Stange Lauch

40 g Pinienkerne
100 g Crème fraîche
2–3 EL Pesto verde (s. Grundrezept unten; ersatzweise Basilikumpesto aus dem Glas)
Pfeffer

1 Die Kartoffeln schälen, längs vierteln und in einen Topf geben. Mit Wasser auffüllen, sodass sie knapp bedeckt sind, dann aufkochen und salzen. Zugedeckt bei mittlerer Hitze ca. 20 Min. garen.

2 Inzwischen die Möhren schälen und putzen, dann längs halbieren und quer in Stücke schneiden. In einem großen Topf die Gemüsebrühe aufkochen, Safran und Möhren hineingeben und zugedeckt bei schwacher bis mittlerer Hitze ca. 10 Min. kochen.

3 Inzwischen den Lauch putzen, waschen und schräg in Ringe schneiden. Die Lauchringe mit in den Topf geben und alles zugedeckt weitere 5 Min. kochen.

4 In einem Pfännchen ohne Fett die Pinienkerne goldbraun rösten. Die Crème fraîche mit etwas Salz cremig rühren. Die Kartoffeln abgießen und zum Bouillongemüse geben, das Ganze salzen und pfeffern.

5 Das Gemüse auf tiefe Teller verteilen. Jeweils etwas Pesto verde und Crème fraîche in Klecksen daraufgeben und die Portionen mit Pinienkernen bestreuen. Die übrige Crème fraîche dazu servieren.

GRUNDREZEPT: PESTO VERDE

Für ca. 350 g Pesto verde ***1 Bund Petersilie, 1 Bund Basilikum, 1/2 Bund Dill*** *und* ***100 g Brunnenkresse*** *(ersatzweise 50 g Borretsch und 2 Beete Gartenkresse) waschen und trocken schütteln, die Blätter abzupfen.* ***1 Knoblauchzehe*** *schälen und in Scheibchen schneiden. In einer Pfanne ohne Fett* ***60 g Pinienkerne*** *goldbraun rösten. Kräuter, Knoblauch und die abgekühlten Pinienkerne zusammen mit* ***80 g geriebenem Parmesan*** *(s. S. 13) und* ***120 ml Olivenöl*** *pürieren. Das Pesto mit* ***Salz, Pfeffer*** *und* ***1 Spritzer Zitronensaft*** *würzen. Es schmeckt zusammen mit Nudeln oder Kartoffeln oder auch mit Frischkäse verrührt als Brotaufstrich. In einem sauberen Schraubglas hält es sich mit Öl bedeckt im Kühlschrank 4–6 Wochen.*

Brot-Omelett mit Tomatensalat

FÜR 4 PERSONEN
Zubereitungszeit: ca. 35 Min.
Pro Portion: ca. 500 kcal,
20 g EW, 34 g F, 28 g KH

5 Tomaten | 2 Zwiebeln
1–2 EL Weißweinessig
8 EL Olivenöl | 1 Prise Zucker | Salz
Pfeffer | 3–4 Stängel Salbei
60 g Parmesan (s. S. 13) am Stück

6 Eier (Größe M)
4 Scheiben altbackenes Bauernbrot
(ca. 200 g)
250 ml heiße Gemüsebrühe
(s. Grundrezept S. 24 oder Instant)

1 Tomaten waschen, halbieren und ohne Stielansätze würfeln. 1 Zwiebel schälen und würfeln. Beides mit dem Essig und 4 EL Öl mischen. Mit dem Zucker sowie Salz und Pfeffer würzen und ziehen lassen.

2 Inzwischen die Salbeiblätter von den Stängeln zupfen und die Hälfte davon hacken. Den Parmesan reiben. Die Eier verquirlen, den Parmesan unterrühren und die Mischung mit Salz und Pfeffer würzen.

3 Das Brot mit Rinde ca. 2 cm groß würfeln. Die übrige Zwiebel schälen und klein würfeln. In einer beschichteten Pfanne 2 EL Öl erhitzen, Zwiebel und Brot darin kurz andünsten. Gehackten Salbei dazugeben, dann mit der heißen Brühe auffüllen. Das Brot mit einer Gabel zerdrücken und alles unter Rühren zu einem cremigen Brei kochen. Mit Salz und Pfeffer abschmecken. Die Eiermasse zügig unterrühren und zugedeckt bei schwacher bis mittlerer Hitze in 8–10 Min. stocken lassen.

4 Die Pfanne vom Herd ziehen und das Omelett vor dem Servieren zugedeckt 5 Min. ruhen lassen. Danach auf ein Brett gleiten lassen und in Portionen schneiden. In einer kleinen Pfanne im restlichen Öl den übrigen Salbei kurz frittieren. Den Tomatensalat auf das Omelett und darauf den Salbei geben.

MEINE TAUSCHTIPPS

*Auch altbackenes **Kastenweißbrot, Baguette** oder **Brötchen** vom Vortag eignen sich für das Omelett.*
*Mit **1 gepressten Knoblauchzehe** können Sie die Brotmasse noch kräftiger würzen.*
*Wenn Sie auf die rohen Zwiebeln im Tomatensalat lieber verzichten, sind **in dünne Ringe geschnittene Frühlingszwiebeln** ein perfekter milderer Ersatz.*

Roter Gazpacho mit Salzmandeln

FÜR 4 PERSONEN
Zubereitungszeit: ca. 20 Min.
Pro Portion: ca. 430 kcal,
12 g EW, 34 g F, 18 g KH

2–3 Scheiben Weißbrot
8 EL Olivenöl | Salz
1 grüne und 2 rote Paprikaschoten
4 Tomaten
1 frische rote Peperoni
1 Knoblauchzehe
4 EL gesalzene geröstete Mandeln
60 g Ajvar (türkisches Paprikamus; aus dem Glas)
1 EL Rotweinessig
1/2 Bio-Salatgurke
150 g Schafskäse (Feta)

1 Das Brot würfeln. In einer Pfanne 4 EL Olivenöl erhitzen, die Würfel darin knusprig braten und salzen.

2 Paprikaschoten waschen, halbieren, putzen und zerkleinern. Die Tomaten waschen, halbieren und ohne Stielansätze grob würfeln. Peperoni putzen und waschen, Knoblauch schälen, beides klein würfeln.

3 Die Mandeln grob hacken und ein Viertel davon zusammen mit Ajvar und Essig sowie dem übrigen Olivenöl zum Paprikagemüse geben. Alles mit dem Pürierstab fein pürieren. Die Gurke waschen, ungeschält würfeln und salzen.

4 Den Schafskäse zerbröckeln oder würfeln. Den Gazpacho mit den Gurkenwürfeln und den Croûtons sowie den übrigen Mandeln und dem Feta servieren.

MEINE PRAXIS- UND AROMATIPPS

Den Gazpacho können Sie gut ***vorab zubereiten*** *und bis zum Servieren kühlen – so schmeckt er eh am besten. Wenn Sie ihn feuriger möchten, ersetzen Sie die milde Peperoni durch* ***1 frische rote Chilischote*** *oder würzen Sie mit* ***Tabasco*** *nach. Stellen Sie auch etwas sehr gutes* ***Olivenöl*** *mit auf den Tisch; jeder kann die kalte Suppe extra damit beträufeln.*

Polentaschnitten

mit Rote-Bete-Zwiebeln

Ursprünglich eine Einwanderin aus dem Norden, nimmt die Rübe in diesem Gericht ganz neue aromatische Züge an: Fein gewürzt mit Rosmarin und Fenchelsamen und in Portwein geschmort, lebt sie sich formidabel im Süden ein!

FÜR 4 PERSONEN
Zubereitungszeit: ca. 1 Std.
Garzeit: ca. 20 Min.
Pro Portion: ca. 615 kcal, 15 g EW, 36 g F, 54 g KH

Salz | 600 g kleine Rote Bete*
60 g junger Parmesan (s. S. 13) am Stück
2 Knoblauchzehen
500 ml Milch
30 g Butter | Pfeffer
150 g Polenta (Maisgrieß)
1 Eigelb | 2 rote Zwiebeln
1 Zweig Rosmarin | 8 EL Olivenöl
1 TL Fenchelsamen | 1 TL Zucker
80 ml roter Portwein (ersatzweise Gemüsebrühe)
150 ml Gemüsebrühe (s. Grundrezept S. 24 oder Instant)
Außerdem:
Backpapier

1 In einem Topf Wasser aufkochen und salzen. Rote Bete waschen und darin im zugedeckten Topf bei mittlerer Hitze in 30–45 Min. bissfest garen.

2 Inzwischen für die Polenta den Parmesan fein reiben. 1 Knoblauchzehe schälen, klein würfeln und zusammen mit Milch und Butter in einen Topf geben. Aufkochen, salzen und pfeffern. Den Grieß langsam mit dem Schneebesen einrühren, dann unter Rühren ca. 2 Min. kochen. Vom Herd nehmen, Parmesan und Eigelb rasch unterrühren. Polenta zwischen zwei Lagen Backpapier ca. 1,5 cm dick ausrollen und in ca. 35 Min. vollständig auskühlen lassen.

3 Rote Bete abgießen und kalt abschrecken, dann pellen und achteln. Die Zwiebeln schälen, längs halbieren und in Spalten schneiden. Den Rosmarin waschen und trocken schütteln.

4 In einer Pfanne 4 EL Öl erhitzen, die Zwiebeln darin ca. 2 Min. dünsten. Rote Bete, Rosmarinzweig und Fenchelsamen dazugeben. Den restlichen Knoblauch schälen und dazupressen, den Zucker darüberstreuen. Alles 1 Min. dünsten, dann mit dem Portwein ablöschen. Aufkochen und die Brühe angießen. Alles offen bei mittlerer Hitze in 6–8 Min. dicklich einkochen. Mit Salz und Pfeffer würzen und warm stellen.

5 Die abgekühlte Polenta in Rauten oder Dreiecke schneiden. In einer großen Pfanne das übrige Öl erhitzen und die Schnitten darin auf beiden Seiten in je 2–3 Min. goldbraun braten. Zusammen mit den Rote-Bete-Zwiebeln servieren.

MEINE TAUSCH- UND AROMATIPPS

*Sie können die Polenta zusätzlich mit etwas **Muskat** würzen oder **fein gehackte Kräuter** wie Petersilie, Thymian oder Rosmarin unterrühren. Und statt mit Parmesan schmeckt sie auch mit **Pecorino** (s. S. 13).*

* *Rote Bete färben stark ab. Beim Verarbeiten sollten Sie deshalb Küchenhandschuhe tragen.*

Rote Bete
kann durchaus auch
mal mediterran!

Paprika-Polenta

mit Pilzen und Feta

Kolumbus brachte den Mais einst nach Europa, und schnell entwickelte sich die nahrhafte Maispolenta insbesondere in Italien zum gängigen Armeleuteessen. Hier kommt eine reiche, würzige Variante mit Paprikapaste, gebratenen Pilzen und Schafskäse.

FÜR 4 PERSONEN
Zubereitungszeit: ca. 30 Min.
Pro Portion: ca. 380 kcal, 16 g EW, 23 g F, 25 g KH

1 Zwiebel
1 Knoblauchzehe
600 ml Gemüsebrühe (s. Grundrezept S. 24 oder Instant)
6 EL Olivenöl
120 g Polenta (Maisgrieß)
Salz | Pfeffer
150 g Schafskäse (Feta)
50 g Ajvar (türkisches Paprikamus; aus dem Glas)
500 g gemischte Pilze
1/2 Bund Petersilie

1 Für die Polenta die Zwiebel und den Knoblauch schälen und in kleine Würfel schneiden. In einem Topf beides mit der Gemüsebrühe und 1 EL Olivenöl aufkochen. Den Polentagrieß langsam mit dem Schneebesen einrühren. Salzen und pfeffern und das Ganze nochmals aufkochen. Anschließend zugedeckt bei schwacher Hitze 15 Min. quellen lassen.

2 Den Schafskäse trocken tupfen oder abtropfen lassen und zerbröckeln. Ein Drittel davon zusammen mit dem Ajvar unter die Polenta rühren. Diese bis zum Anrichten warm stellen.

3 Die Pilze trocken abreiben, putzen und je nach Größe in mundgerechte Stücke schneiden. In einer großen Pfanne das übrige Olivenöl erhitzen. Die Pilze darin goldbraun braten, dabei austretende Flüssigkeit verdampfen lassen und die Pilze weiterbraten. Die Petersilie waschen und trocken schütteln, die Blätter hacken und zu den Pilzen geben.

4 Die Pilzpfanne mit Salz und Pfeffer abschmecken. Die Polenta auf vorgewärmte Teller verteilen und das Pilzgemüse dazugeben. Die Portionen mit dem übrigen Schafskäse bestreuen und sofort servieren.

MEINE TAUSCH- UND AROMATIPPS

*Statt mit Ajvar und Feta können Sie die cremige Polenta auch mit **50 ml Tomatensauce** (Fertigprodukt aus dem Glas oder nach Grundrezept S. 90) und **frisch geriebenem Parmesan** (s. S. 13) würzen.*
*Zu den Pilzen passen außer Petersilie auch etwas **frisch gehackter Salbei, Kerbel, Majoran** oder **Schnittlauch.***

Lauch-Bohnen-Puffer

mit Tomatensalat

Außen knusprig – innen weich und würzig: Die wolkigen Lauch-Bohnen-Puffer sind ein sommerlicher Hochgenuss, ganz besonders in Kombination mit frischem Tomatensalat. So gut kann »einfach« schmecken!

FÜR 4 PERSONEN
Zubereitungszeit: ca. 35 Min.
Ruhezeit: 10 Min.
Pro Portion: ca. 510 kcal, 15 g EW, 34 g F, 35 g KH

1 Stange Lauch | 8 EL Olivenöl
1 Dose weiße Bohnen (425 ml)
1 Knoblauchzehe
Salz | Pfeffer
400 g gemischte Tomaten (z. B. Cocktail- und Flaschentomaten)
1–2 Prisen Zucker
1 kleine rote Zwiebel
1–2 TL Aceto balsamico
4 Eier (Größe M)
120 g Mehl
2 TL Backpulver
6 EL neutrales Pflanzenöl

1 Den Lauch putzen, gründlich waschen und in schmale Ringe schneiden. In einer großen beschichteten Pfanne 4 EL Olivenöl erhitzen und den Lauch darin bei mittlerer Hitze in ca. 5 Min. unter Rühren weich garen. Die Bohnen in einem Sieb abtropfen lassen, dann zum Lauch geben. Den Knoblauch schälen und dazupressen. Alles mit Salz und Pfeffer abschmecken, in eine Schüssel umfüllen und leicht abkühlen lassen.

2 Inzwischen die Tomaten waschen und ohne Stielansätze in Scheiben schneiden. Diese in einer Schale mit dem Zucker bestreuen. Die Zwiebel schälen und in dünne Ringe schneiden, diese auf den Tomaten verteilen. Für das Dressing Balsamessig und übriges Olivenöl verrühren, salzen und pfeffern. Die Vinaigrette über den Tomatensalat träufeln.

3 Die Eier mit 100 ml kaltem Wasser verquirlen und mit dem abgekühlten Lauch-Bohnen-Gemüse verrühren. Mehl und Backpulver mischen, mit in die Schüssel geben und alles mit einem Schneebesen rasch zu einem glatten Teig verrühren. Mit Salz und Pfeffer würzen und 10 Min. quellen lassen.

4 In der beschichteten Pfanne das Pflanzenöl erhitzen. Von dem Teig esslöffelgroße Portionen abnehmen, in die Pfanne setzen, etwas flachdrücken und von beiden Seiten in je 3–4 Min. goldbraun braten. Fertige Puffer auf einem mit Küchenpapier belegten Teller warm halten. Sofort mit dem Tomatensalat servieren.

MEINE TAUSCH- UND AROMATIPPS

*Statt mit weißen Bohnen können Sie die Puffer mit **Maiskörnern** (aus der Dose) zubereiten.*
*Und beim Tomatensalat können Sie die rote Zwiebel gegen **Frühlingszwiebeln** in dünnen Scheiben austauschen und/oder den Salat mit **frisch gezupften Basilikumblättern** bestreuen.*

Polenta mit Spinat

und verlorenen Eiern

Spinat mit Kartoffelpüree und Ei – für viele das Kindheitsessen schlechthin! Hier kommt es in einer mediterranen Version für Erwachsene: mit cremiger Polenta, verlorenem Ei und schmelzendem Gorgonzola. Gut, dass wir schon groß sind!

FÜR 4 PERSONEN
Zubereitungszeit: ca. 30 Min.
Pro Portion: ca. 510 kcal,
17 g EW, 36 g F, 26 g KH

7 EL Olivenöl
120 g Polenta (Maisgrieß)
800 ml Gemüsebrühe (s. Grundrezept S. 24 oder Instant)
4 EL trockener Weißwein (nach Belieben)
Salz | Pfeffer | 30 g Pinienkerne
600 g junger Blattspinat (ersatzweise 300 g TK-Blattspinat)
1 Schalotte
1 Knoblauchzehe
3 EL Essig
4 Eier (Größe M)
60 g Gorgonzola

Außerdem:
4 kleine Tassen
neutrales Pflanzenöl für die Tassen

1 Für die Polenta in einem Topf 4 EL Olivenöl erhitzen. Den Maisgrieß darin kurz unter Rühren andünsten. Die Gemüsebrühe und nach Belieben den Wein unter ständigem Rühren mit dem Schneebesen rasch dazugießen. Die Polenta bei schwacher Hitze unter Rühren ca. 10 Min. garen. Mit Salz und Pfeffer würzen, dann vom Herd nehmen und zugedeckt warm stellen.

2 In einem Pfännchen ohne Fett die Pinienkerne goldbraun rösten, dann vom Herd nehmen. Den Blattspinat verlesen, waschen und gut abtrocknen oder trocken schleudern. Die Schalotte und den Knoblauch schälen und klein würfeln. In einem großen Topf das übrige Olivenöl erhitzen und die Schalotten und den Knoblauch darin glasig andünsten. Den Spinat dazugeben und bei starker Hitze unter Rühren zusammenfallen lassen. Salzen, pfeffern und warm stellen.

3 In einem großen Topf ca. 1 l Wasser mit dem Essig aufkochen. Die kleinen Tassen innen etwas einölen. Die Eier einzeln in die Tassen aufschlagen, dann nacheinander ins leicht siedende Wasser gleiten lassen und jeweils mithilfe einer kleinen Kelle in Form bringen; das stockende Eiweiß sollte den Dotter schön umhüllen. Die Eier 3–4 Min. pochieren, dann vorsichtig aus dem Wasser heben und leicht salzen.

4 Die Polenta in vorgewärmte tiefe Teller geben. Den Käse zerkleinern und darauf verteilen. Den Spinat etwas ausdrücken und mittig daraufgeben. Die Eier daraufsetzen. Mit den Pinienkernen bestreut servieren.

MEINE AROMA- UND TAUSCHTIPPS

*Die gegarte Polenta können Sie mit etwas **Pesto** (s. S. 77 oder Fertigprodukt aus dem Glas) oder **frisch gehackten Kräutern** wie Basilikum, Petersilie oder Kerbel veredeln. Wenn Ihnen Gorgonzola zu herb schmeckt, nehmen Sie **frisch gehobelten Parmesan** (s. S. 13). Und statt die **Eier** zu pochieren, können Sie sie **wachsweich kochen.***

So sieht es aus,
wenn ein Gericht
erwachsen wird.

Peperonata

mit Ofen-Ziegenkäse

FÜR 2 PERSONEN
Zubereitungszeit: ca. 25 Min.
Pro Portion: ca. 875 kcal,
32 g EW, 70 g F, 28 g KH

je 2 rote und grüne Spitzpaprikaschoten
1 Knoblauchzehe
3 Zweige Rosmarin
6 EL Olivenöl
4 Lorbeerblätter
Salz | Pfeffer
1 Stück Ziegenkäserolle (250 g)
4 TL flüssiger Honig
2 EL gesalzene geröstete Mandeln

Außerdem:
kleine feuerfeste Form

1 Für die Peperonata die Paprikaschoten waschen, halbieren und putzen. Den Knoblauch schälen und in Scheibchen schneiden. Den Rosmarin waschen und trocken schütteln. In einer Pfanne das Öl erhitzen und Paprika, Knoblauch, 2 Rosmarinzweige sowie die Lorbeerblätter hineingeben. Salzen und pfeffern und bei schwacher Hitze 12–15 Min. braten.

2 Inzwischen den Backofengrill vorheizen. Vom übrigen Rosmarin die Nadeln abzupfen. Den Käse in vier Rollen schneiden. Diese in die Form setzen, mit dem Honig beträufeln, mit dem Rosmarin bestreuen und mit Pfeffer würzen. Unter dem heißen Grill 3–5 Min. gratinieren. Die Mandeln nach Belieben grob hacken.

3 Das Paprikagemüse auf Tellern anrichten, den Käse daraufsetzen und alles mit Mandeln bestreuen.

MEINE TAUSCH- UND SERVIERTIPPS

Die zarten Spitzpaprikas garen besonders schnell. Natürlich lässt sich das Gericht auch mit ***anderen Paprikasorten*** *zubereiten. Dafür die Bratzeit um wenige Minuten verlängern. Die Schoten sollten aber immer etwas Biss behalten.*
Im Sommer schmecken die Bratpaprikas auch kalt als ***Antipasti.*** *Dazu mit etwas Olivenöl und Balsamessig beträufeln und mit Weißbrot, Feta oder Parmesan, Oliven und frischem Basilikum servieren.*

Ofen-Ratatouille mit roter Quinoa

FÜR 2 PERSONEN
Zubereitungszeit: ca. 40 Min.
Pro Portion: ca. 1052 kcal,
44 g EW, 67 g F, 66 g KH

je 1 rote, gelbe, grüne Paprikaschote
1 rote Zwiebel | 250 g Kirschtomaten
1 Knoblauchzehe
1/2–1 TL Fenchelsamen
6 EL Olivenöl | Salz
Pfeffer | 1–3 Prisen Zucker
1 Dose stückige Tomaten (400 ml)
150 g rote Quinoa (aus dem Bio-Laden)
250 g Halloumi (zyprischer Grillkäse)

Außerdem:
Auflaufform

1 Den Backofen auf 220° vorheizen. Die Paprikaschoten waschen, halbieren, putzen und in Spalten schneiden. Die Zwiebel schälen und ebenfalls in Spalten schneiden. Die Kirschtomaten waschen und halbieren. Den Knoblauch schälen und in Scheibchen schneiden. Das Gemüse in die Auflaufform geben.

2 Fenchelsamen im Mörser mit dem Stößel etwas andrücken und dann auf das Gemüse streuen. 4 EL Öl darüberträufeln und mit Salz und Pfeffer sowie dem Zucker würzen. Die Dosentomaten darauf verteilen und ebenfalls salzen. Das Gemüse im heißen Ofen (Mitte) ca. 20 Min. garen. Umrühren und noch 10 Min. garen.

3 Inzwischen ca. 300 ml Wasser aufkochen und salzen. Quinoa in einem sehr feinen Sieb lauwarm spülen und im kochenden Wasser zugedeckt bei mittlerer Hitze ca. 15 Min. kochen. Vom Herd nehmen und zugedeckt in 10 Min. ausquellen lassen.

4 Währenddessen den Halloumi längs in 4 Scheiben schneiden. In einer Pfanne das übrige Öl erhitzen und den Halloumi darin von beiden Seiten goldbraun braten. Die Ratatouille aus dem Ofen nehmen, nochmals abschmecken und mit Quinoa und Halloumi servieren.

MEIN TAUSCHTIPP

*Statt der roten können Sie als Beilage auch **helle Quinoa** verwenden oder **Reis** oder **Nudeln** servieren.*

Auberginen-Zucchini-Röllchen mit Feta

Imam Bayildi – *Der Imam fiel in Ohnmacht – heißt dieses Gericht im türkischen Original. Und dem Imam wurde natürlich vor lauter Begeisterung schwindlig! Nehmen Sie also bequem Platz und genießen Sie diese Köstlichkeit im Sitzen!*

FÜR 2 PERSONEN
Zubereitungszeit:
ca. 1 Std. 15 Min.
Pro Portion: ca. 970 kcal,
31 g EW, 67 g F, 60 g KH

1 großer Zucchino | Salz
120 g Wildreis-Reis-Mischung
1 Knoblauchzehe
1 Zweig Rosmarin
4 Stängel Petersilie
1 frische rote Chilischote
425 ml Tomatensauce (Fertigprodukt oder s. unten)
8 EL Olivenöl
Pfeffer | 1 Prise Zucker
1 große Aubergine
200 g Schafskäse (Feta)

Außerdem:
Zahnstocher zum Feststecken
kleine Auflaufform

1 Den Zucchino waschen, putzen und längs in 8 sehr dünne Scheiben schneiden oder hobeln. Diese auslegen, salzen und Wasser ziehen lassen. Inzwischen den Reis nach Packungsangabe in kochendem Salzwasser garen. Knoblauch schälen und in Scheibchen schneiden, Kräuter und Chilischote waschen, Petersilie hacken.

2 In einem Topf die Tomatensauce mit 1 EL Olivenöl, der Chilischote, dem Knoblauch und den Kräutern aufkochen, dann bei mittlerer Hitze offen ca. 15 Min. köcheln. Chili und Rosmarinzweig entfernen und die Sauce mit Salz, Pfeffer und dem Zucker würzen.

3 Den Backofen auf 220° vorheizen. Die Aubergine waschen, Enden abschneiden. Die Frucht längs in 8 sehr dünne Scheiben schneiden. In einer großen Pfanne das übrige Öl erhitzen und die Scheiben darin portionsweise goldbraun braten. Salzen und pfeffern.

4 Den Schafskäse abtropfen lassen und zerbröckeln. Zucchinischeiben trocken tupfen, mit je einer Auberginenscheibe belegen und mit Käse bestreuen. Jeweils aufrollen und mit Zahnstochern fixieren.

5 Den Tomatensugo in die Auflaufform geben. Die Röllchen hineinstellen und im heißen Backofen (Mitte) 10–15 Min. backen. Herausnehmen und die Zahnstocher entfernen. Die Wildreismischung leicht salzen und zu den Röllchen mit der Sauce servieren.

GRUNDREZEPT: TOMATENSAUCE

Für 500 ml Tomatensauce ***40 g getrocknete Soft-Tomaten*** *klein würfeln.* ***2 Knoblauchzehen*** *schälen und in Scheibchen schneiden.* ***1 Gemüsezwiebel*** *schälen und klein würfeln. In einem Topf* ***40 g Zucker*** *hellbraun karamellisieren. Zwiebelwürfel unterrühren.* ***4 EL Olivenöl,*** *Tomatenwürfel, Knoblauch sowie* ***2 Rosmarinzweige, 2 Lorbeerblätter*** *und* ***1/2 TL Fenchelsamen*** *dazugeben. Alles unter Rühren ca. 1 Min. schmoren.* ***1 Dose stückige Tomaten*** *(850 ml) dazugeben. Offen bei mittlerer Hitze unter Rühren ca. 30 Min. köcheln lassen. Die Lorbeerblätter und den Rosmarin entfernen. Die Sauce sofort verwenden oder heiß in ein sauberes Weckglas füllen, dieses verschließen und zum Abkühlen auf ein Handtuch oder Gitter stellen. Vor dem Servieren mit den Blätter von* ***3 Stängeln Basilikum*** *verfeinern.*

Ofentomaten

mit Pinienkernkruste

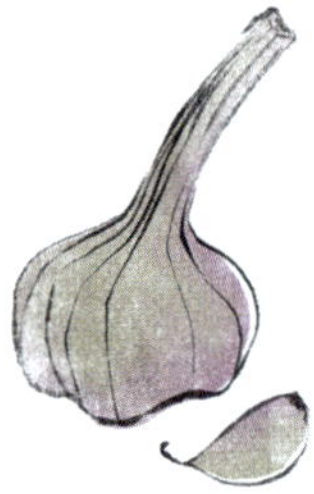

Im Ofen behalten die Tomaten ihr Aroma bestens, würziger Käse schmilzt derweil unter einer Knusperkruste aus Pinienkernen und Bröseln. Serviert werden die Ofentomaten auf zitronigem Kichererbsensalat mit Olivenöl – so schmeckt der Süden!

FÜR 2 PERSONEN
Zubereitungszeit: ca. 25 Min.
Pro Portion: ca. 720 kcal,
24 g EW, 54 g F, 34 g KH

1 Zweig Rosmarin
6 EL Olivenöl
2 EL Pinienkerne
4 EL Semmelbrösel
Salz
2 Fleischtomaten
1 TL Aceto balsamico
Pfeffer
150 g Scamorza
(ital. Räucherkäse) *
1 Dose Kichererbsen (425 ml)
1 Knoblauchzehe
5 Stängel Petersilie
1/2 Bio-Zitrone
Außerdem:
Auflaufform

1 Den Rosmarin waschen und trocken tupfen, die Nadeln abzupfen und grob hacken. In einer Pfanne 1 EL Olivenöl erhitzen und die Pinienkerne und die Semmelbrösel darin goldbraun rösten. Den Rosmarin untermischen und das Ganze salzen.

2 Den Ofen auf 220° vorheizen. Die Tomaten waschen und halbieren, die Stielansätze entfernen und die Hälften mit den Schnittflächen nach oben in die Form setzen. Mit dem Balsamessig sowie 2 EL Olivenöl beträufeln und mit Salz und Pfeffer bestreuen.

3 Den Scamorza in Scheiben schneiden, diese auf die Tomatenhälften legen und mit den Pinienkern-Bröseln bedecken. Die Tomaten im heißen Backofen (Mitte) 6–8 Min. goldbraun backen.

4 Inzwischen für den Salat die Kichererbsen in ein Sieb abgießen, mit kaltem Wasser spülen und abtropfen lassen. Den Knoblauch schälen und in Scheibchen schneiden. Die Petersilie waschen und trocken schütteln, die Blätter abzupfen und hacken.

5 Die Zitronenhälfte heiß waschen und abtrocknen, die Schale abreiben, den Saft auspressen. Beides mit Knoblauch, Petersilie, Kichererbsen und dem übrigen Öl mischen, salzen und pfeffern. Die Ofentomaten auf dem Kichererbsensalat servieren.

MEIN AROMATIPP

*Reif und saftig sollten die **Tomaten** für dieses Gericht sein. Neben Fleisch- und Ochsenherztomaten eignen sich italienische Flaschentomaten oder die aus Spanien stammende, leicht grünliche Sorte RAF, die mit Salzwasser gegossen wird und daher ihr besonderes herb-süßliches Aroma hat.*

* *Anstelle von Scamorza können Sie das Gericht sehr gut mit Ziegengouda, schnittfestem Schafskäse (Feta) oder Mozzarella zubereiten.*

Back-Mozzarella

auf Paprikagemüse

Von »Produktküche« sprechen Profiköche immer dann, wenn wenige Zutaten bester Qualität auf schlichtestem Wege verbunden werden. Ungeschlagener Produktküchen-Weltmeister ist Italien, wie dieses Gericht wieder einmal überzeugend beweist!

FÜR 4 PERSONEN
Zubereitungszeit: ca. 25 Min.
Pro Portion: ca. 780 kcal,
34 g EW, 60 g F, 25 g KH

4 Scheiben Bauern- oder Toskanabrot
8 EL Olivenöl | Salz
4 Kugeln Büffelmozzarella (je 125 g)*
1 Bio-Zitrone
1 Knoblauchzehe
1 Zweig Rosmarin
grobes Meersalz | Pfeffer
je 1 rote und gelbe Paprikaschote
1 Zwiebel

Außerdem:
Grillrost
kleine feuerfeste Form

1 Die Brotscheiben mit 2 EL Olivenöl bepinseln oder beträufeln, salzen und auf den Grillrost legen.

2 Die Mozzarellakugeln trocken tupfen, kreuzförmig tief einschneiden und in die Form setzen. Die Zitrone heiß waschen und abtrocknen, 4 dünne Scheiben abschneiden und in die Käsekugeln stecken.

3 Den Knoblauch schälen. Den Rosmarin waschen und trocken schütteln, die Nadeln und den Knoblauch fein hacken. Vom Rest der Zitrone die Schale abreiben und den Saft auspressen. Alles mit 2 EL Öl verrühren und über den Käse träufeln. Mit Meersalz und Pfeffer würzen. Den Backofen auf 220° vorheizen.

4 Für das Paprikagemüse die Schoten waschen, halbieren, putzen und in schmale Streifen schneiden. Zwiebel schälen und ebenfalls in Streifen schneiden.

5 In einer Pfanne das übrige Öl erhitzen, Zwiebel- und Paprikastreifen darin bei mittlerer Hitze ca. 12 Min. braten. Nach 6 Min. Bratzeit den Mozzarella in den heißen Ofen (Mitte) schieben, die Brote auf dem Rost direkt darüber. Käse und Brote ca. 5 Min. rösten.

6 Das Paprikagemüse salzen und pfeffern, dann mit Mozzarella und Röstbrot servieren.

MEINE AROMATIPPS

*Das Zwiebel-Paprikagemüse können Sie mit entsteinten **grünen Oliven** oder mit **Kapernäpfeln** anreichern, die Sie am Ende 1 Min. mitbraten.*

* *Besonders köstlich schmeckt dieses Gericht mit* Burrata, *einer cremigen Variante des Mozzarella mit einem Kern aus Frischkäse. Fragen Sie Ihren Käsehändler oder im italienischen Lieblingsrestaurant nach dieser Spezialität.*

Paella-Risotto

FÜR 4 PERSONEN
Zubereitungszeit: ca. 30 Min.
Backzeit: 25 Min.
Pro Portion: ca. 425 kcal,
19 g EW, 14 g F, 52 g KH

3 rote Paprikaschoten
2 Möhren | 2 rote Zwiebeln
1 Knoblauchzehe
1 kleine frische rote Chilischote
250 g Seitan
4 EL Olivenöl
200 g Risottoreis
1 Msp. gemahlener Safran
800 ml Gemüsebrühe (s. Grundrezept S. 24 oder Instant)
Salz | Pfeffer
2 Frühlingszwiebeln
80 g grüne Oliven (ohne Stein)
1 Zitrone

Außerdem:
Bräter

1 Die Paprikaschoten waschen, halbieren, putzen und in Würfel schneiden. Die Möhren schälen, putzen und schräg in Scheiben schneiden. Die roten Zwiebeln und den Knoblauch schälen, die Zwiebeln in Würfel, den Knoblauch in Scheibchen schneiden. Die Chilischote waschen, putzen und in schmale Ringe schneiden. Den Seitan in Würfel schneiden.

2 Den Backofen auf 220° vorheizen. Im Bräter das Olivenöl erhitzen und Paprika, Möhren, Zwiebeln und Seitan darin ca. 5 Min. anbraten. Knoblauch, Chili, Reis und Safran dazugeben und unterrühren. Die Brühe dazugießen, dann aufkochen, salzen und pfeffern. Das Ganze offen im heißen Ofen (Mitte) ca. 25 Min. garen.

3 Inzwischen die Frühlingszwiebeln waschen, putzen und in schmale Ringe schneiden.

4 Nach der Backzeit das Paella-Risotto aus dem Backofen nehmen, die Frühlingszwiebelringe und die Oliven darunterheben und alles zugedeckt 2 Min. ziehen lassen. Die Zitrone vierteln und zum Paella-Risotto reichen. Jeder säuert seine Portion bei Tisch nach Geschmack mit Zitronensaft.

MEINE TAUSCHTIPPS

*Statt Seitan können Sie **Räuchertofu** oder **Tempeh** verwenden und/oder die Paella mit **Schafskäse** (Feta) und **gerösteten Mandeln** servieren.*

Tortilla mit Gurkensalat

FÜR 4 PERSONEN
Zubereitungszeit: ca. 35 Min.
Pro Portion: ca. 590 kcal,
21 g EW, 41 g F, 34 g KH

100 g TK-Erbsen
1–2 Frühlingszwiebeln
1 Salatgurke
2–4 Stängel Koriandergrün
1–2 TL Weißweinessig
6 EL Olivenöl | Salz
Pfeffer | 2 Prisen Zucker
100 g Gemüsemais (aus der Dose)

500 g gegarte Pellkartoffeln vom Vortag
1 Kugel Mozzarella (125 g)
5 Eier (Größe M)
100 g Sahne
1 kleine Tüte Kartoffelchips (30–50 g)

Außerdem:
ofenfeste Pfanne

---

1 Die Erbsen auftauen lassen. Für den Salat die Frühlingszwiebeln waschen, putzen, längs halbieren und in schmale Halbringe schneiden. Die Gurke waschen und längs halbieren, die Kerne entfernen, die Hälften klein würfeln. Koriander waschen und trocken schütteln, die Blätter abzupfen, fein hacken und mit Frühlingszwiebeln, Gurke, Essig und 2 EL Öl mischen. Mit Salz, Pfeffer und 1 Prise Zucker würzen.

2 Für die Tortilla den Backofen auf 220° vorheizen. Den Mais abtropfen lassen. Die Kartoffeln pellen und klein würfeln. Den Mozzarella raspeln. Eier und Sahne verquirlen, Erbsen, Mais und den Käse darunterrühren. Mit Salz, Pfeffer und 1 Prise Zucker würzen.

3 In der Pfanne das übrige Olivenöl erhitzen. Die Tortilla-Masse hineingeben und 2 Min. stocken lassen, dann im heißen Backofen (Mitte) 10–12 Min. backen. Die Tortilla aus dem Ofen nehmen und offen 5 Min. ruhen lassen, dann auf ein Brett gleiten lassen und mit einem scharfen Messer in Tortenstücke schneiden. Mit dem Gurkensalat und den Chips servieren.

MEINE AROMA- UND TAUSCHTIPPS

Zusätzlich scharfen Pfiff bekommt der Gurkensalat mit etwas ***grünem*** *oder* ***rotem Tabasco.*** *Die Tortilla lässt sich variieren mit* ***gegarten Bohnen, Zucchiniwürfeln, halbierten Kirschtomaten*** *und* ***Paprikastreifen.***

Fenchel-Safran-Risotto

mit gebratenen Pilzen

Das Safran-Risotto mit Fenchel duftet nach Provence, nach Sommersonne und Meer. Zu diesem mediterranen Sehnsuchtsessen passen bestens die knackig gebratenen Pilze, die Sie je nach Saison variieren können.

FÜR 4 PERSONEN
Zubereitungszeit: ca. 1 Std.
Pro Portion: ca. 460 kcal, 17 g EW, 21 g F, 44 g KH

1 Gemüsezwiebel
1 Knoblauchzehe
1 kleine Fenchelknolle mit etwas Grün
400 g gemischte Pilze
500 ml Gemüsebrühe (s. Grundrezept S. 24 oder Instant)
6 EL Olivenöl
200 g Risottoreis *
1 Msp. gemahlener Safran
125 ml trockener Weißwein (ersatzweise Gemüsebrühe)
1/2 Bund Petersilie
80 g Parmesan (s. S. 13) am Stück
Salz | Pfeffer

1 Die Gemüsezwiebel und den Knoblauch schälen. Die Zwiebel längs halbieren, eine Hälfte in Streifen schneiden, die andere würfeln. Den Knoblauch in Scheibchen schneiden. Den Fenchel waschen und längs halbieren, das Grün beiseitelegen. Die Hälften ohne Strunk in schmale Streifen schneiden. Die Pilze trocken abreiben, putzen und in mundgerechte Stücke schneiden. Die Gemüsebrühe erhitzen.

2 In einem großen Topf 2 EL Olivenöl erhitzen und die Zwiebelstreifen, den Knoblauch und den Fenchel darin hellbraun anschwitzen. Den Reis und den Safran darunterrühren und erhitzen, dann alles mit dem Wein ablöschen. Etwas Brühe dazugeben. Den Reis unter Rühren bei mittlerer Hitze garen, bis die Flüssigkeit fast verkocht ist, dann wieder Brühe angießen. Auf diese Weise den Risotto in 20–25 Min. knapp bissfest garen.

3 Inzwischen in einer Pfanne das restliche Öl erhitzen. Pilze und Zwiebelwürfel darin goldbraun braten; austretendes Wasser verdampfen lassen und die Pilze weiterbraten, bis sie goldbraun sind. Petersilie waschen und trocken schütteln, die Blätter hacken und unterrühren.

4 Den Parmesan fein reiben und unter den Risotto rühren. Mit Salz und Pfeffer abschmecken, mit Fenchelgrün dekorieren und mit den Pilzen servieren.

MEINE TAUSCHTIPPS

*Statt mit Safran können Sie den Risotto mit **1–2 Handvoll** getrockneten **Steinpilzen** aromatisieren. Die Pilze fein hacken und zum Risotto-Ansatz geben.*
*Das Gemüse können Sie ebenfalls variieren und anstelle von Fenchel **Erbsen** oder **Zucchinischeiben** nehmen. Diese erst mit dem Reis in den Topf geben.*

* *Risottoreis hat je nach Sorte und Produzent unterschiedliche Garzeiten. Beachten Sie deshalb beim Kochen die Packungsangabe.*

Tofu-Pasta

Carbonara-Style

FÜR 4 PERSONEN
Zubereitungszeit: ca. 35 Min.
Pro Portion: ca. 725 kcal,
29 g EW, 35 g F, 70 g KH

200 g Räuchertofu
3 EL Olivenöl | Salz | Pfeffer
250 g flache grüne Bohnen
350 g Tagliatelle
4 Stängel Petersilie
1 Knoblauchzehe
1 Zwiebel | 200 g Sahne
100 ml Gemüsebrühe (s. Grundrezept S. 24 oder Instant)
80 g frisch geriebener Parmesan (s. S. 13)
1–2 EL trockener Weißwein (nach Belieben)

Außerdem:
Grillpfanne

1 Den Backofen auf 80° vorheizen. Den Räuchertofu in Scheiben schneiden. In der Grillpfanne 3 EL Öl erhitzen. Die Scheiben parallel zu den Rillen hineinlegen und von beiden Seiten je 1–2 Min. braten. Diese »Speck«-Scheiben salzen und pfeffern, dann quer in Streifen schneiden und im heißen Ofen warm halten.

2 Die Bohnen waschen, putzen und längs in Streifen schneiden. Die Tagliatelle nach Packungsangabe in reichlich Salzwasser zugedeckt bissfest garen; die Bohnen 7 Min. vor dem Ende der Garzeit dazugeben.

3 Inzwischen die Petersilie waschen und trocken schütteln, die Blätter abzupfen und hacken. Den Knoblauch und die Zwiebel schälen, klein würfeln und in einem großen Topf mit der Sahne und der Brühe aufkochen. Die Sauce offen ca. 2 Min. einkochen.

4 Tagliatelle und Bohnen in einem Sieb abtropfen lassen. Beides zusammen mit 50 g Parmesan unter die Sauce mischen und unter Rühren ca. 1 Min. kochen. Mit Salz abschmecken und nach Belieben mit dem Weißwein abrunden. Die Pasta mit dem übrigen Parmesan, der Petersilie und den »Speck«-Streifen aus dem Ofen bestreuen und servieren.

Spaghettini mit Linsen und Gorgonzola

FÜR 4 PERSONEN
Zubereitungszeit: ca. 30 Min.
Pro Portion: ca. 665 kcal,
19 g EW, 25 g F, 84 g KH

Salz
60 g Beluga-Linsen
2 EL Pinienkerne
1/2 Knoblauchzehe
125 ml trockener Weißwein (ersatzweise Gemüsebrühe)
150 ml Gemüsebrühe (s. Grundrezept S. 24 oder Instant)
200 g Sahne
60 g Gorgonzola | Pfeffer
100 g Zuckerschoten
400 g Spaghettini

1 In einem Topf reichlich Wasser aufkochen und salzen. Linsen darin zugedeckt ca. 25 Min. garen. Inzwischen in einer Pfanne ohne Fett die Pinienkerne rösten, dann beiseitestellen. Knoblauch schälen und klein würfeln.

2 In einem kleinen Topf den Wein bei starker Hitze offen 2 Min. kochen. Knoblauch, Brühe und Sahne dazugeben. Offen weitere 8 Min. kochen. Gorgonzola zerkleinern, einrühren und schmelzen. Die Sauce mit Pfeffer würzen und vorsichtig salzen, dann warm halten.

3 Die Zuckerschoten waschen und putzen, dann längs in Streifen schneiden. Die Spaghettini nach Packungsangabe in reichlich kochendem Salzwasser zugedeckt bissfest garen, dabei nach 2–3 Min. Kochzeit die Zuckerschotenstreifen dazugeben.

4 Die Linsen in ein Sieb abgießen; ebenso die Spaghettini und die Zuckerschoten. Alles mit der heißen Sahnesauce vermengen, mit Salz und Pfeffer abschmecken und mit den Pinienkernen bestreuen.

MEINE TAUSCHTIPPS

Dieses Gericht schmeckt natürlich mit jeder ***Pastasorte.*** *Beachten Sie jeweils die Garzeitempfehlung auf der Packung. Die Zuckerschoten oder auch* ***Erbsen*** *sollten in jedem Fall 4–6 Min. mitgaren. Statt mit Gorgonzola schmeckt die Sauce auch mit* ***40 g frisch geriebenem Parmesan*** *(s. S. 13) oder* ***60 g gewürfeltem Taleggio.***

Echte-Kerle-
Pasta mit Tofu

Die rustikale Pasta mit chilischarfen Vollkornnudeln, knackigem Blumenkohl, getrockneten Tomaten und geröstetem Tofu ist eine hocharomatische, sehr würzige Entdeckung, die insbesondere Männer begeistert. Eine Pasta für echte Kerle eben.

FÜR 2 PERSONEN
Zubereitungszeit: ca. 25 Min.
Pro Portion: ca. 1070 kcal,
41 g EW, 55 g F, 103 g KH

ca. 200 g Blumenkohl
Salz | 300 g Tofu
1 Zwiebel
1–2 Knoblauchzehen
8 getrocknete Tomaten (in Öl)
2 kleine frische rote Chilischoten
1 Zweig Rosmarin
300 g Vollkornspaghetti
6 EL Olivenöl
3–4 Lorbeerblätter | Pfeffer

1 Den Blumenkohl waschen und putzen. In einem Topf ca. 1 cm hoch Wasser aufkochen und salzen. Den Blumenkohl darin ca. 10 Min. zugedeckt kochen.

2 Inzwischen den Tofu in mundgerechte Würfel schneiden. Die Zwiebel schälen und in kleine Würfel schneiden. Den Knoblauch schälen und in Scheibchen schneiden. Die getrockneten Tomaten abtropfen lassen und klein schneiden. Die Chilischoten waschen, putzen und in schmale Ringe schneiden. Den Rosmarin waschen und trocken schütteln.

3 Die Vollkornspaghetti nach Packungsangabe in reichlich kochendem Salzwasser zugedeckt bissfest garen. Inzwischen in einem Wok oder in einer Pfanne das Olivenöl erhitzen und Zwiebel, Knoblauch, getrocknete Tomaten, Chili, Rosmarin und Lorbeerblätter darin braten, bis die Zwiebeln hellbraun sind.

4 Die Tofuwürfel dazugeben und 2 Min. mitbraten. Dann alles salzen und pfeffern. Den Blumenkohl mit einem Schaumlöffel aus dem Wasser heben, abtropfen lassen und in kleine Röschen teilen, diese salzen und mit in die Pfanne geben.

5 Die Nudeln in ein Sieb abgießen und tropfnass und heiß unter das Blumenkohlgemüse rühren.

MEINE AROMATIPPS

*Noch köstlicher wird die Pasta, wenn Sie sie mit **gerösteten Pinienkernen** oder **Mandelblättchen** bestreuen. Soll die Geschmacksreise nach Asien gehen, geben Sie zum Blumenkohlgemüse am Ende noch **20 g frisch geriebenen Ingwer** und **1/2 Bund gehacktes Thaibasilikum** oder etwas **Koriandergrün** dazu.*

Spaghetti

mit Shiitake-Bolognese

Diese vegetarische Variante der Sauce Bolognese unterscheidet sich geschmacklich kaum von dem Klassiker: Aromatische Shiitake-Pilze und »fleischiger« Seitan ersetzen täuschend echt das Hackfleisch in der würzigen Tomatensauce!

FÜR 4 PERSONEN
Zubereitungszeit: ca. 45 Min.
Pro Portion: ca. 795 kcal, 35 g EW, 24 g F, 107 g KH

1 Möhre
80 g Knollensellerie
150 g Shiitake-Pilze
150 g Seitan *
2 Zwiebeln
2 Knoblauchzehen
4 Fleischtomaten
4 EL Olivenöl
2 EL Tomatenmark
Salz | Pfeffer
500 ml Tomatensauce (Fertigprodukt oder s. Grundrezept S. 90)
500 g Spaghetti
Zucker
100 g frisch gehobelter Parmesan (s. S. 13)

* *aus dem Bio- oder Asienladen*

1 Für die Bolognese-Sauce die Möhre und den Sellerie schälen und fein raspeln oder würfeln. Die Pilze trocken abreiben, Stiele herausdrehen und wegwerfen, die Hüte fein hacken. Den Seitan ebenfalls fein hacken.

2 Die Zwiebeln und den Knoblauch schälen, die Zwiebeln in kleine Würfel, den Knoblauch in Scheibchen schneiden. Die Tomaten waschen, von den Stielansätzen befreien und in kleine Würfel schneiden.

3 In einer großen Pfanne oder in einem Wok das Öl erhitzen und darin die Möhre, den Sellerie, die Pilze, den Seitan und die Zwiebeln braten, bis alle Flüssigkeit verdampft und alles hellbraun ist. Tomatenmark, Knoblauch, Tomaten und Tomatensauce dazugeben. Alles bei mittlerer Hitze offen 15–20 Min. dicklich einkochen. Mit Salz, Pfeffer und Zucker abschmecken.

4 Inzwischen die Spaghetti nach Packungsangabe in reichlich kochendem Salzwasser zugedeckt bissfest garen. In ein Sieb abgießen und heiß mit dem Sugo und frisch gehobeltem Parmesan servieren.

MEINE AROMATIPPS

*Nach Belieben können Sie die Sauce mit **Rosmarin** und/oder **Thymian** aromatisieren. Dafür die Nadeln bzw. Blättchen von je 1 Zweig frisch hacken. Zusätzliche geschmackliche Tiefe verleihen dem Sugo **4 Fenchelsamen, 1 Lorbeerblatt** oder ein paar **gehackte getrocknete Soft-Tomaten.***

Spinat-Spaghetti

mit Seitan

FÜR 4 PERSONEN
Zubereitungszeit: ca. 25 Min.
Pro Portion: ca. 775 kcal,
34 g EW, 36 g F, 77 g KH

750 g Blattspinat
1 Knoblauchzehe
5 EL Olivenöl
400 g Spaghetti
Salz
200 g Sahne
80 g frisch gehobelter Parmesan (s. S. 13)
1 Prise frisch geriebene Muskatnuss
Pfeffer
200 g Seitan
je 1 Bund Basilikum und Petersilie

1 Den Spinat verlesen, waschen und trocken schleudern. Den Knoblauch schälen und in Scheibchen schneiden. In einem großen Topf 3 EL Öl erhitzen und darin den Spinat unter Rühren zusammenfallen lassen. Dann den Knoblauch dazugeben.

2 Spaghetti nach Packungsangabe in reichlich kochendem Salzwasser zugedeckt bissfest garen. Die Sahne und 40 g Parmesan unter den Spinat rühren, alles aufkochen und mit Muskat, Salz und Pfeffer würzen.

3 Den Seitan in kleine Würfel schneiden. In einer kleinen Pfanne das übrige Olivenöl erhitzen und die Seitanwürfel darin goldbraun braten.

4 Das Basilikum und die Petersilie waschen und trocken schütteln, die Blätter abzupfen, grob hacken und zum Spinat geben. Die Seitanwürfel ebenfalls dazugeben und alles aufkochen.

5 Die Spaghetti in ein Sieb abgießen und tropfnass und heiß mit der Sauce mischen. Mit Salz und Pfeffer abschmecken Mit dem übrigen Parmesan bestreuen und servieren.

MEIN AROMATIPP

Zusätzliche Schärfe bringen ***Chiliflocken*** *(Pul biber) oder* ***1 kleine, frische Chilischote*** *in schmalen Ringen.*

Spaghetti
mit grünem Pesto

FÜR 4 PERSONEN
Zubereitungszeit: ca. 25 Min.
Pro Portion: ca. 680 kcal,
18 g EW, 26 g F, 92 g KH

40 g Pinienkerne
je 1/2 Bund Petersilie, Basilikum und Dill
50 g Brunnenkresse (ersatzweise Blattspinat)
1/2 Knoblauchzehe

500 g Spaghetti | Salz
40 g frisch geriebener Parmesan (s. S. 13)
60 ml Olivenöl
Pfeffer
1–2 TL Zitronensaft

1 In einem Pfännchen ohne Fett die Pinienkerne rösten, dann abkühlen lassen. Kräuter und Brunnenkresse waschen und trocken schütteln. Die Blätter abzupfen und einige davon zum Dekorieren beiseitelegen. Die restlichen grob hacken; ebenso den Knoblauch.

2 Die Spaghetti nach Packungsangabe in reichlich kochendem Salzwasser zugedeckt bissfest garen. Inzwischen gehackte Kräuter und Knoblauch sowie die Hälfte von Pinienkernen und Parmesan in einen Mixbecher geben. Das Öl dazugießen und alles pürieren. Das Pesto mit Salz, Pfeffer und Zitronensaft würzen.

3 Die Nudeln in ein Sieb abgießen und tropfnass und heiß mit dem Pesto vermengen. Mit den übrigen Pinienkernen und Kräuterblättern sowie dem übrigen Parmesan bestreut servieren.

MEINE TAUSCHTIPPS

*Für ein **Basilikum-Pesto** ersetzen Sie alle Kräuter und die Brunnenkresse durch 1 Bund Basilikum.*
*Statt der Pinienkerne können Sie **geröstete Walnusskerne** oder **Mandelblättchen** verwenden.*

Paprikagemüse

mit Stampfkartoffeln

Eine verführerische mediterrane Ménage-à-trois: *Luftiger Kartoffelstampf trifft auf geschmortes Paprika-Zwiebel-Gemüse – zusammen mit der würzig-nussigen Olivenbutter eine Kombination zum Verlieben!*

FÜR 4 PERSONEN
Zubereitungszeit: ca. 40 Min.
Pro Portion: ca. 450 kcal,
6 g EW, 31 g F, 35 g KH

800 g mehligkochende Kartoffeln
Salz
je 2 rote und gelbe Paprikaschoten
1 Zwiebel
4 EL Olivenöl
1 Knoblauchzehe
2 TL Zucker
Pfeffer
4 EL grüne Oliven (ohne Stein)
1 Bund Petersilie
2 EL Pinienkerne
80 g Butter

1 Die Kartoffeln waschen und ungeschält in kochendem Salzwasser zugedeckt in 25–30 Min. weich garen. Inzwischen die Paprikaschoten waschen, halbieren, putzen und längs in Streifen schneiden. Die Zwiebel schälen und in schmale Spalten schneiden.

2 In einer Pfanne das Olivenöl erhitzen, Zwiebeln und Paprika darin bei schwacher Hitze in ca. 12 Min. weich schmoren. Den Knoblauch schälen und dazupressen, den Zucker dazugeben. Alles 2 Min. weiterbraten, dann salzen, pfeffern und warm stellen.

3 Die Oliven in Scheibchen schneiden. Die Petersilie waschen und trocken schütteln, die Blätter fein hacken. In einer kleinen Pfanne ohne Fett die Pinienkerne goldbraun rösten, dann die Olivenscheiben und die Petersilie zufügen. Die Butter dazugeben und schmelzen. Aufschäumen lassen, dann mit Salz und Pfeffer würzen und warm stellen.

4 Die Kartoffeln in ein Sieb abgießen, mit kaltem Wasser abschrecken und pellen. Wieder in den Topf geben und mit einer Gabel oder einem Kartoffelstampfer zerdrücken und mit Salz und Pfeffer würzen. Den Kartoffelstampf mit dem Paprikagemüse und der Pinienkern-Olivenbutter servieren.

MEINE TAUSCHTIPPS

Sie können das Gericht vielfältig mit anderem mediterranem Gemüse variieren: Tauschen Sie z. B. 1 Paprikaschote gegen ***1 Zucchino*** *aus. In Scheiben schneiden und diese am Ende der Garzeit 6 Min. mitbraten.*
Auch ***1 gute Handvoll Kirschtomaten*** *passt geschmacklich gut; diese sollten Sie 4 Min. mitbraten.*
Für die Olivenbutter können Sie anstelle der Pinienkerne auch ***Mandelblättchen, gehackte Haselnuss-*** *oder* ***Walnusskerne*** *rösten.*

Mehr Süden passt fast nicht auf einen Teller ...

Seitan-Piccata-Milanese

Von der Piccata Milanese *inspiriert ist die Idee für das Seitanschnitzel im goldgelben Parmesan-Mantel. Dazu gibt es Zucchinigemüse und Spaghetti in Tomatensauce mit duftendem Basilikum. Wenn das die Mailänder wüssten!*

FÜR 4 PERSONEN
Zubereitungszeit: 45 Min.
Pro Portion: ca. 795 kcal, 33 g EW, 34 g F, 89 g KH

2 Zucchini
1 rote Zwiebel
1 Knoblauchzehe
8 EL Olivenöl
2 Zweige Rosmarin
Salz | Pfeffer | Zucker
400 g Spaghetti
425 ml Tomatensauce (Fertigprodukt oder s. Grundrezept S. 90)
200 g Seitan*
4 EL Mehl
2 Eier (Größe M)
60 g frisch geriebener Parmesan (s. S. 13)

Außerdem:
Basilikumblätter zum Bestreuen

* *aus dem Bio- oder Asienladen*

1 Die Zucchini waschen, putzen und in ca. 0,5 cm dicke Scheiben schneiden. Die Zwiebel schälen und in Ringe schneiden. Den Knoblauch ebenfalls schälen und in Scheibchen schneiden.

2 In einer Pfanne 4 EL Olivenöl erhitzen und Zucchinischeiben, Zwiebelringe, Knoblauch und Rosmarin darin ca. 8 Min. braten. Mit Salz, Pfeffer und Zucker abschmecken. Bis zum Anrichten warm stellen.

3 Inzwischen für die Spaghetti in einem großen Topf reichlich Wasser aufkochen und salzen. Die Nudeln darin nach Packungsangabe zugedeckt bissfest garen.

4 In einem kleinen Topf die Tomatensauce aufkochen und nach Belieben mit Salz und Pfeffer sowie 1 Prise Zucker abschmecken.

5 Den Seitan längs in dünne Scheiben schneiden, diese mit Salz und Pfeffer würzen. In einen tiefen Teller das Mehl geben, in einem zweiten die Eier mit dem Parmesan verquirlen. In einer Pfanne die restlichen 4 EL Olivenöl erhitzen. Die Seitanscheiben jeweils zuerst im Mehl wenden, dann durch die Eiermischung ziehen und bei mittlerer Hitze im Öl von beiden Seiten in je 5–6 Min. goldbraun braten.

6 Die Spaghetti in ein Sieb abgießen und mit der Tomatensauce vermischen. Die Seitanschnitzel mit den Nudeln und dem Zucchinigemüse auf Tellern anrichten und mit Basilikum dekorieren.

Champignon-Cassoulet

mit Zitronen-Petersilien-Bröseln

Der traditionelle südfranzösische Eintopf à la Veggie: Hier verbinden sich weiße Bohnen, braune Champignons und getrocknete Tomaten mit Perlzwiebeln und Steinpilzfond unter knuspriger Kräuterbrösel-Kruste zu einem duftenden Aromawunder.

FÜR 4–6 PERSONEN
Zubereitungszeit: 40 Min.
Bei 6 Portionen jeweils: ca. 335 kcal, 11 g EW, 14 g F, 37 g KH

800 g festkochende Kartoffeln
Salz | 1/2 Bund Petersilie
1/2 Bio-Zitrone | 40 g Butter
80 g Semmelbrösel | Pfeffer
1 Dose weiße Riesenbohnen (850 ml) ✱
80 g Perlzwiebeln (aus dem Glas)
1 Knoblauchzehe
5 getrocknete Soft-Tomaten
ca. 15 g getrocknete Steinpilze
1 Zwiebel
500 g braune Champignons
4 EL Olivenöl
1 Zweig Rosmarin
2 Lorbeerblätter
125 ml trockener Weißwein (ersatzweise Gemüsebrühe)
150 ml Gemüsebrühe (s. Grundrezept S. 24 oder Instant)
1 Prise Zucker
Außerdem:
Auflaufform

1 Die Kartoffeln schälen und in kochendem Salzwasser zugedeckt in 15–20 Min. bissfest garen. Inzwischen die Petersilie waschen und trocken schütteln, die Blätter hacken. Zitronenhälfte heiß waschen und abtrocknen, die Schale fein abreiben. In einem Pfännchen die Butter schmelzen und die Brösel darin unter Rühren goldbraun rösten. Vom Herd nehmen, Petersilie und Zitronenschale unterrühren, salzen und pfeffern.

2 Den Ofen auf 240° vorheizen. Die Bohnen und die Perlzwiebeln getrennt abtropfen lassen. Den Knoblauch schälen und in Scheibchen schneiden, getrocknete Tomaten und Steinpilze klein würfeln. Die Zwiebel schälen und längs in Streifen schneiden. Die Champignons trocken abreiben, putzen und halbieren.

3 In einer Pfanne das Öl erhitzen und die Zwiebeln und Champignons darin bei starker Hitze goldbraun braten, austretendes Wasser verkochen und die Pilze weiterbraten, bis sie goldbraun sind. Knoblauch, Tomaten, Steinpilze, Rosmarin und Lorbeerblätter unterrühren.

4 Mit dem Wein ablöschen. Die Bohnen dazugeben, alles aufkochen und die Perlzwiebeln unterrühren. Die Brühe angießen, alles aufkochen und mit Salz, Pfeffer und Zucker würzen. Rosmarin und Lorbeer entfernen.

5 Den Pfanneninhalt in die Auflaufform umfüllen und die Bröselmasse darauf verteilen. Im heißen Ofen (Mitte) in 3–5 Min. goldbraun gratinieren. Die Kartoffeln abgießen und zusammen mit dem Cassoulet servieren.

MEIN PRAXISTIPP

***Semmelbrösel** können Sie leicht **selbst herstellen:** Entweder verwenden Sie trockenes Weißbrot oder Brötchen oder Sie trocknen frische Toastbrotscheiben bei 50° im Backofen. Dann das Brot würfeln und fein zermahlen; entweder in einer Schüssel mit einem Stößel oder in einem Gefrierbeutel mit dem Nudelholz.*

✱ *Das Cassoulet lässt sich auch mit anderen Bohnensorten zubereiten.*

Die Idee für dieses
Gericht habe ich aus
Südfrankreich.

Seitan-Paprika-Gulasch

FÜR 4 PERSONEN
Zubereitungszeit: ca. 45 Min.
Pro Portion: ca. 355 kcal,
21 g EW, 12 g F, 37 g KH

800 g festkochende Kartoffeln | Salz
je 1 gelbe und rote Paprikaschote
2 Zwiebeln
1 Knoblauchzehe
4 EL Olivenöl
2 EL edelsüßes Paprikapulver
1/2–1 TL rosenscharfes Paprikapulver
1 TL Kümmelsamen
1 EL Tomatenmark
50 ml trockener Rotwein (ersatzweise Gemüsebrühe)
500 ml Gemüsebrühe (s. Grundrezept S. 24 oder Instant)
300 g Seitan*
Pfeffer
1 Prise Zucker
1/2 Bund Petersilie

* *aus dem Bio- oder Asienladen*

1 Die Kartoffeln schälen und in kochendem Salzwasser zugedeckt in 15–20 Min. bissfest garen. Inzwischen die Paprikaschoten waschen, halbieren, putzen und grob in Würfel schneiden. Die Zwiebeln und den Knoblauch schälen, die Zwiebeln in schmale Spalten, den Knoblauch in Scheibchen schneiden.

2 In einem Topf das Olivenöl erhitzen, die Paprikawürfel und Zwiebelspalten darin glasig dünsten. Knoblauch, beide Sorten Paprikapulver, Kümmel und Tomatenmark dazugeben und unterrühren. Mit dem Rotwein ablöschen, die Gemüsebrühe angießen, alles wieder aufkochen, dann mit Salz und Pfeffer würzen und zugedeckt bei mittlerer Hitze ca. 20 Min. garen.

3 Den Seitan in mundgerechte Würfel schneiden, diese zum Gemüse geben und offen 10 Min. mitkochen. Mit Salz, Pfeffer und dem Zucker abschmecken. Die Petersilie waschen und trocken schütteln, die Blätter abzupfen und hacken. Die Kartoffeln abgießen und mit der Petersilie bestreut zum Gulasch servieren.

MEINE AROMATIPPS

*Zusätzliche Aromen machen das Gulasch besonders fein: Würzen Sie es mit **2 Stängeln frischem Majoran** und etwas **abgeriebener Bio-Zitronenschale**. Auch mit **1 TL gehackten Kapern** gewinnt der Geschmack Tiefe. Statt Seitan können Sie auch **Räuchertofu** nehmen.*

Baked Beans mediterran mit Gurkensalat

FÜR 2 PERSONEN
Zubereitungszeit: ca. 45 Min.
Pro Portion: ca. 1110 kcal,
47 g EW, 67 g F, 82 g KH

120 g roter Camargue-Reis
Salz | 1/2 Bio-Salatgurke
1 Prise Zucker | 1 Zwiebel
1 Knoblauchzehe
1 Dose weiße Riesenbohnen (850 ml)
1 Zweig Rosmarin

6 EL Olivenöl | Pfeffer
6 EL Ajvar (türkisches Paprikamus; aus dem Glas)
250 g Halloumi (zyprischer Grillkäse)
1 TL Weißweinessig

1 Den Reis nach Packungsangabe in reichlich kochendem Salzwasser zugedeckt ca. 45 Min. oder länger garen; er wird aber nicht so weich wie gewöhnlicher Langkornreis. Gurke waschen und dünn hobeln, mit Salz und dem Zucker würzen und beiseitestellen.

2 Die Zwiebel schälen und in Würfel schneiden, den Knoblauch schälen und in Scheibchen schneiden. Die Riesenbohnen in ein Sieb abgießen und abtropfen lassen. Den Rosmarin waschen und trocken schütteln.

3 In einer Pfanne 3 EL Olivenöl erhitzen und die Zwiebelwürfel darin glasig dünsten. Die Bohnen zusammen mit Rosmarin, Knoblauch und Ajvar darunterrühren. Mit Salz und Pfeffer würzen und alles bei schwacher Hitze ca. 5 Min. schmoren.

4 Den Halloumi in zwei Scheiben schneiden. In einer Pfanne 1 EL Olivenöl erhitzen, den Käse darin goldbraun braten und nur pfeffern; er ist sehr salzig.

5 Gurken ausdrücken und mit Essig und übrigem Öl vermengen. Die Bohnen heiß mit dem Halloumi, dem Reis und dem Gurkensalat servieren.

MEINE TAUSCH- UND AROMATIPPS

Wenn Sie keinen Camargue-Reis bekommen, nehmen Sie ***Langkorn-*** *oder* ***Basmatireis.***
Statt der weißen Riesenbohnen können Sie ebenso gut ***Kidneybohnen*** *verwenden.*
Für feurige Schärfe würzen Sie die Bohnen nach Belieben mit ***Cayennepfeffer, Tabasco*** *oder* ***frischer Chili.***

Fenchel-
Käse-Tarte

Ein Klassiker der französischen Küche ist die Tarte – hier raffiniert belegt mit Ziegencamembert, gehobeltem Fenchel, süßen Äpfeln und knackigen Bittersalaten auf cremigem Knoblauch-Frischkäse. Eine tolle Kombination, zu der ein Glas Cidre passt!

FÜR 4 PERSONEN
Zubereitungszeit: ca. 45 Min.
Pro Portion: ca. 675 kcal, 28 g EW, 33 g F, 66 g KH

60 g Gruyère am Stück
1 Knoblauchzehe
150 g Frischkäse
4 Fertigböden für Flammkuchen und Tarte (aus dem Kühlregal)
1 kleine Fenchelknolle mit Grün
1 rote Zwiebel
1 Apfel
1 Rolle Ziegencamembert (ca. 200 g)
4 Blätter Radicchio
1/4 Bund Rucola

Außerdem:
Backpapier für das Blech

1 Den Gruyère fein reiben, den Knoblauch schälen und dazupressen. Beides in einer Schüssel mit dem Frischkäse zu einer cremigen Masse verrühren. Die Teigböden dünn mit der Käsecreme bestreichen.

2 Den Backofen auf 220° vorheizen. Den Fenchel waschen und putzen, schönes Fenchelgrün fein hacken und beiseitelegen. Die Fenchelknolle dünn hobeln. Die Zwiebel schälen und in schmale Ringe schneiden. Den Apfel waschen, das Kerngehäuse ausstechen. Den Apfel in dünne Scheiben schneiden.

3 Jeweils ein Viertel der Fenchel- und Apfelscheiben sowie der Zwiebelringe auf den vorbereiteten Teigböden verteilen. Ein Blech mit Backpapier belegen und die Tartes darauf nacheinander im heißen Backofen (unten) jeweils 8–10 Min. vorbacken.

4 Inzwischen den Ziegencamembert in Scheiben schneiden und die vorgebackenen Tartes damit belegen. Den Radicchio und die Rucola waschen, mundgerecht zerzupfen und trocken schleudern.

5 Eine Tarte im heißen Backofen (Mitte) in 3–5 Min. fertig backen, dann mit je einem Viertel von Fenchelgrün, Radicchio und Rucola bestreuen. Die Tarte in Tortenstücke schneiden und gemeinsam genießen, dann die nächste Tarte in den Ofen schieben, fertig backen, mit Fenchel und Salat bestreuen und so weiter.

MEINE TAUSCHTIPPS

*Alternativ zum Fenchel können Sie auch eine **weiße Zwiebel** in Ringe schneiden und eine Tarte mit Zwiebeln in zwei Farben backen.*
*Statt mit Ziegencamembert können Sie die Tarte auch mit **Taleggio, Raclettekäse, Schafskäse (Feta), Mozzarella** oder **Ziegengouda** belegen.*

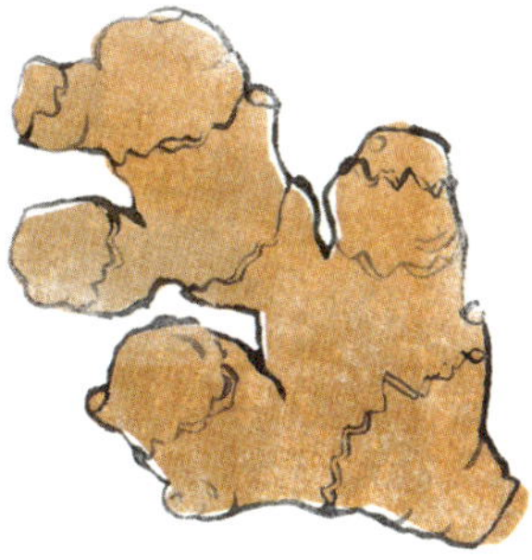

Das heiße ASIEN

AUS CHINA, JAPAN, THAILAND, INDONESIEN UND VIETNAM KOMMEN SIE, DIE INSPIRATIONEN FÜR MEINE LEICHTE VEGETARISCHE ASIA-KÜCHE.

So schmeckt das heiße Asien

Man kann sich schon etwas verlieren in den unendlichen Geschmacksweiten der asiatischen Küche, muss man aber nicht: Ein paar wenige typische Zutaten, die es auch bei uns fast überall zu kaufen gibt, reichen fürs Hineinschmecken.

1 Ingwer

Die Wurzel ist wegen ihrer frischen, zitronigen Schärfe in Asiens Küchen sehr beliebt. Wer drauf steht, nimmt frischen Ingwer; getrocknet und gemahlen hat er viel weniger Aroma. Da die ätherischen Öle flüchtig sind, Ingwer nach dem Schälen und Zerkleinern gleich ins Gericht geben.

2 Sojasaucen

Ob hell oder dunkel, süß oder salzig – Sojasauce wird in einem komplizierten, langwierigen Verfahren aus gekochten und fermentierten Sojabohnen gemacht. Billige Sorten sind daher verdächtig, weil eventuell im Schnellverfahren hergestellt oder mithilfe von Zusatzstoffen, die in guter Sojasauce nichts verloren haben.

3 Gomasio

... ist eine japanische Würzmischung aus Salz und gerösteten zerriebenen Sesamsamen, zu kaufen im Asien- oder Bioladen. Oder einfach selbst herzustellen: Für 8 EL in einer Pfanne ohne Fett **7 EL helle Sesamsamen** goldbraun rösten und dann mit **1 EL Meersalz** im Mörser grob zerreiben.

4 Glasnudeln

Sie stammen aus Ostasien, werden aus Wasser und Mungobohnenstärke hergestellt und sind also völlig frei von Weizenmehl. In der Regel muss man sie nur überbrühen und etwas ziehen lassen. Selbst eher neutral, sind die in gegarter Form transparenten Fäden gute Geschmacksträger.

5 Udon-Nudeln

Fast so dick wie Spätzle sind diese Bandnudeln aus Japan. Und wie italienische Pasta aus Weizenmehl, Salz und Wasser gemacht. Im Asienladen gibt es sie meist in getrockneter Form, in der sie Tagliatelle ähneln; beim Kochen werden sie weiß und dick. Die Japaner essen sie üblicherweise als Suppeneinlage.

6 Shiitake-Pilze

Was bei uns der Champignon, ist in China und Japan der Shiitake. Kein Wunder: Der Baumpilz gehört zu den aromatischsten und würzigsten Pilzen überhaupt, denn er besitzt die Geschmacksqualität *umami* bzw. enthält viel natürliches (!) Glutamat. In Asien dient er nicht nur als Nahrungsmittel, sondern auch als Arznei.

Sushi-Variation

mit Ingwer, Kürbis und Avocado

Sushi-Glück für Meeresretter: Hülle und Füllung kommen ganz ohne Fisch aus. Die scharfen Reisrollen mit süß-scharfem Kürbis und cremiger Avocado lassen es an nichts fehlen und werden klassisch mit Sojasauce, eingelegtem Ingwer und Wasabi-Paste serviert.

FÜR 4 PERSONEN
Zubereitungszeit: 1 Std. 10 Min.
Kühlzeit: 20 Min.
Pro Portion: ca. 355 kcal,
7 g EW, 22 g F, 31 g KH

250 g Sushi-Reis
ca. 150 g Hokkaido-Kürbis
4 EL eingelegter Ingwer *
1/2 kleine frische rote Chilischote
2 EL neutrales Pflanzenöl | Salz
4 TL Reis- oder Weißweinessig
1 EL Zucker | 1 Avocado | Pfeffer
2 Nori-Algenblätter *
ca. 5 TL Wasabi-Paste *
5 EL geröstete helle Sesamsamen
5 EL Sojasauce
Außerdem:
Sushi-Matte

* *aus dem Bio- oder Asienladen*

1 Reis kalt spülen, bis das Wasser klar abfließt, dann abtropfen lassen. 350 ml Wasser aufkochen, Reis darin (ohne Salz) aufkochen, Hitze ausschalten, zugedeckt in ca. 30 Min. gar ziehen lassen. Kürbis waschen, Fruchtfleisch ohne Kerne und Fasern in Stifte schneiden. Ingwer abtropfen lassen, Chili waschen und putzen, beides fein hacken. Kürbis im Öl ca. 5 Min. braten. 2 EL Ingwer und Chili 1 Min. mitbraten. Salzen und abkühlen lassen.

2 Zum Ausdampfen ein Geschirrtuch doppelt gefaltet zwischen Deckel und Reistopf legen. Den Reis zum möglichst schnellen Abkühlen nach ca. 10 Min. auf der Arbeitsfläche glatt streichen. 3 1/2 TL Essig mit 2 TL Salz und dem Zucker verrühren, den Reis damit beträufeln, mit einer Palette wenden, wieder glatt streichen und abermals wenden. Die Avocado längs halbieren, den Stein entfernen, das Fruchtfleisch in Streifen schneiden und mit Salz, Pfeffer und restlichem Essig würzen.

3 Für 2 Nori-Maki-Rollen je 1 Nori-Algenblatt auf die Sushi-Matte legen. Je ein Viertel vom Sushireis gleichmäßig mittig auftragen. Mittig eine Rille für die Füllung eindrücken und dünn mit Wasabi bestreichen. Je ein Viertel der Kürbis-und Avocadostreifen darauflegen. Den hinteren Mattenrand etwas hochziehen, dann nach vorne rollen, bis die Sushirolle ganz rund ist. Die Matte mit beiden Händen gleichmäßig fest aufrollen. Die Sushi-Rollen entnehmen und in Frischhaltefolie gewickelt mindestens 20 Min. kalt stellen.

4 Für 2 Sesam-Maki-Rollen auf 2 Stücke Frischhaltefolie mittig je ein Viertel vom Sushi-Reis gleichmäßig auftragen. Mittig eine Rille für die Füllung eindrücken und dünn mit Wasabi bestreichen. Je ein Viertel der Kürbis-und Avocadostreifen mittig darauflegen. Den hinteren Folienrand etwas hochziehen, dann nach vorne rollen, bis die Sushi-Rolle ganz rund ist. Die Folie mit beiden Händen gleichmäßig fest aufrollen. Die Rollen mindestens 20 Min. kalt stellen.

5 Vor dem Servieren die Maki-Rollen im Sesam wälzen. Die nicht daran haftenden Körner mit der Sojasauce verrühren. Die Sushi-Rollen mit einem nassen scharfen Messer in Scheiben schneiden; das Messer jedes Mal benetzen. Die Sushis mit Sojasauce, restlichem Ingwer und übriger Wasabi-Paste servieren.

Misosuppe

mit Tofu und geröstetem Sesam

FÜR 2 PERSONEN
Zubereitungszeit: ca. 25 Min.
Pro Portion: ca. 555 kcal,
22 g EW, 26 g F, 55 g KH

120 g Thai-Duftreis | Salz
1 EL helle Sesamsamen
1/4 Kopf Spitzkohl
1 Stange Lauch
2 EL neutrales Pflanzenöl
800 ml Gemüsebrühe (s. Grundrezept S. 24 oder Instant)

200 g Tofu*
2 EL milde Misopaste*
1–2 TL Sesam-Würzöl*

* *aus dem Bio- oder Asienladen*

1 Den Reis nach Packungsangabe in kochendem Salzwasser zugedeckt garen, dann warm halten. Inzwischen in einer großen Pfanne oder in einem Wok ohne Fett den Sesam goldgelb rösten. Spitzkohlviertel waschen, längs halbieren, vom Strunkteil befreien und quer in schmale Streifen schneiden. Lauch waschen, putzen und schräg in dünne Scheiben schneiden.

2 In der Pfanne oder im Wok das Öl erhitzen und die Spitzkohlstreifen und die Lauchscheiben darin bei starker Hitze ca. 4 Min. rührbraten. Mit der Gemüsebrühe ablöschen, das Ganze aufkochen und bei mittlerer Hitze weitere 8 Min. kochen.

3 Inzwischen den Tofu in mundgerechte Würfel schneiden. Diese nach der Garzeit zusammen mit der Misopaste unter die Suppe rühren. Dann nicht mehr kochen, sondern zugedeckt 5 Min. ziehen lassen. Zuletzt mit Sesam-Würzöl und Salz würzen und mit den Sesamsamen bestreuen. Mit dem Duftreis servieren.

MEINE TAUSCH- UND AROMATIPPS

*Die Misosuppe schmeckt auch mit **Seitanwürfeln** sehr gut; außerdem können Sie sie mit **frischer Chili** oder **Chiliflocken** (Pul biber) scharf abschmecken.*

Udon-Nudelsuppe mit Gomasio-Tofu

FÜR 4 PERSONEN
Zubereitungszeit: ca. 30 Min.
Pro Portion: ca. 350 kcal,
15 g EW, 20 g F, 25 g KH

100 g Udon-Nudeln*
Salz | 150 g Mangold
1 kleine Stange Lauch
150 g Shiitake-Pilze
1 Knoblauchzehe
20 g frischer Ingwer
1/2–1 kleine frische rote Chilischote
6 EL neutrales Pflanzenöl
4 EL Sojasauce
800 ml Gemüsebrühe (s. Grundrezept S. 24 oder Instant)
200 g Räuchertofu*
3 EL Gomasio (s. S. 120)*

* *aus dem Bio- oder Asienladen*

1 Die Udon-Nudeln nach Packungsangabe in kochendem Salzwasser zugedeckt ca. 12 Min. garen.

2 Den Mangold waschen und putzen, Stiele und Mittelrippen quer in schmale Streifen schneiden, die Blätter mittig teilen. Den Lauch putzen, in dünne Ringe schneiden, waschen und abtropfen lassen.

3 Die Shiitake-Pilze trocken abreiben, die Stiele herausdrehen und wegwerfen, die Hüte in Scheiben schneiden. Die Knoblauchzehe schälen und in Scheibchen schneiden. Den Ingwer schälen und fein reiben. Die Chili waschen, putzen, halbieren und je nach gewünschter Schärfe entkernen, dann die Schote in schmale Halbringe schneiden.

4 Die Udon-Nudeln in ein Sieb abgießen, mit kaltem Wasser abschrecken und abtropfen lassen. Im Wok oder in einer großen Pfanne 3 EL Öl stark erhitzen und Mangold, Lauch und Pilze darin ca. 2 Min. rührbraten. Dann Knoblauch, Ingwer und Chili dazugeben. Die Sojasauce und die Gemüsebrühe angießen, alles aufkochen und offen ca. 2 Min. kochen, dann die Nudeln dazugeben und die Suppe warm stellen.

5 Den Tofu längs in Scheiben schneiden, im Gomasio wälzen und dieses fest andrücken. In einer großen Pfanne das übrige Öl erhitzen und den Tofu darin von beiden Seiten in je 2–3 Min. knusprig braten. Die Suppe auf vorgewärmte Schalen oder Teller verteilen und mit dem gebratenen Tofu servieren.

Tempeh mit Sesamspinat

in würziger Brühe

Dieses elegante japanische Gericht wird traditionell mit Seidentofu zubereitet; in der hier vorgestellten Version mit Tempeh bietet es zusätzliche Würze. Die kräftige Brühe eignet sich auch als Basis für asiatische Suppen.

FÜR 2 PERSONEN
Zubereitungszeit: ca. 35 Min.
Pro Portion: ca. 605 kcal, 35 g EW, 43 g F, 16 g KH

250 g Tempeh*
1 Stück Kombu-Alge*
7 EL Sojasauce
800 ml Gemüsebrühe (s. Grundrezept S. 24 oder Instant)
2 TL Sesam-Würzöl*
2 kleine frische rote Chilischoten
20 g frischer Ingwer
2 Knoblauchzehen
3 Stück Wakame-Algen*
600 g Blattspinat
2 Frühlingszwiebeln
4 EL neutrales Pflanzenöl
Salz | 1 EL helle Sesamsamen

* *aus dem Bio- oder Asienladen*

1 Den Tempeh in einen Topf geben und mit Wasser bedecken. Aufkochen, dann die Kombu-Alge und 2 EL Sojasauce dazugeben und alles offen bei schwacher Hitze 15 Min. köcheln lassen.

2 Inzwischen in einem Topf die Gemüsebrühe zusammen mit 5 EL Sojasauce und dem Sesamöl erhitzen. Die Chilischoten waschen und putzen. Den Ingwer schälen und zerkleinern, den Knoblauch schälen und halbieren. 1 1/2 Knoblauchzehen, den Ingwer, 1 Chilischote und die Wakame-Algen in die Brühe geben. Aufkochen und zugedeckt 10 Min. ziehen lassen. Dann die Gemüsebrühe durch ein feines Sieb seihen und bis zum Anrichten warm stellen.

3 Den Spinat verlesen, waschen und trocken schleudern. Die Frühlingszwiebeln waschen, putzen und in schmale Ringe schneiden. Den Tempeh aus dem Sud nehmen, trocken tupfen und in Quadrate schneiden.

4 Den Topf auswischen, 3 EL Öl darin erhitzen und den Tempeh darin goldbraun braten. Übrige Chilischote und halbe Knoblauchzehe dazugeben und 1 Min. mitbraten. Den Tempeh salzen und warm stellen.

5 In einer Pfanne den übrigen EL Öl erhitzen und darin den Sesam goldgelb rösten. Den Spinat und die Frühlingszwiebelringe dazugeben und salzen.

6 Den Spinat unter Rühren zusammenfallen lassen. In vorgewärmten tiefen Tellern oder Schalen den Tempeh mit dem Sesamspinat anrichten und die heiße Brühe darüberschöpfen. Sofort servieren.

MEIN AROMATIPP

***Wakame-Algen** schmecken angenehm nach Meer und sind mineralstoffreich. Sie würzen Brühen und Suppen. Asienläden bieten sie getrocknet an.*

Reissuppe

mit Räuchertofu

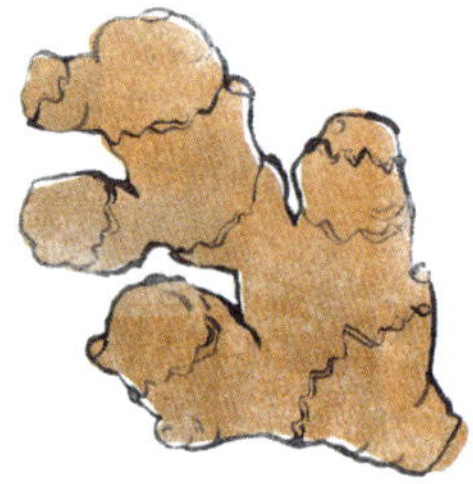

FÜR 4 PERSONEN
Zubereitungszeit: ca. 30 Min
Pro Portion: ca. 510 kcal,
20 g EW, 27 g F, 46 g KH

1/4 Kopf Chinakohl
1 Zwiebel | 1 Knoblauchzehe
20 g frischer Ingwer
1 kleine frische rote Chilischote
6 EL neutrales Pflanzenöl
200 g gekochter Basmatireis
1 Prise Zucker
2 EL Sojasauce
800 ml Gemüsebrühe (s. Grundrezept S. 24 oder Instant)
Salz | 250 g Räuchertofu
4 Frühlingszwiebeln
4 EL gesalzene geröstete Erdnusskerne

1 Das Chinakohlviertel waschen, vom Strunkteil befreien und in Streifen schneiden oder hobeln. Die Zwiebel und den Knoblauch schälen, Zwiebel in kleine Würfel, Knoblauch in Scheibchen schneiden. Den Ingwer schälen und fein reiben. Die Chilischote waschen, putzen und in dünne Ringe schneiden.

2 Im Wok oder in einer großen Pfanne 4 EL Öl erhitzen. Reis, Zwiebel und Knoblauch darin ca. 8 Min. braten. Chinakohl, Ingwer und Chili dazugeben. Mit dem Zucker würzen und ca. 2 Min. weiterbraten. Sojasauce und Brühe dazugeben. Aufkochen und offen bei mittlerer Hitze 8 Min. kochen, dann salzen und warm stellen.

3 Inzwischen den Tofu in mundgerechte Würfel schneiden. In einer Pfanne das übrige Öl erhitzen und den Tofu darin goldbraun braten. Frühlingszwiebeln waschen, putzen und in dünne Ringe schneiden. Erdnüsse grob hacken. Beides zum Tofu geben, etwas salzen und ca. 2 Min. braten. Die Suppe in vorgewärmten Schalen mit dem Pfannentofu servieren.

MEINE TAUSCH- UND AROMATIPPS

*Die Reissuppe schmeckt auch mit **Kräutertofu** oder **Seitan** und kann optional mit etwas **Currypulver** oder **1 TL heller Miso-Paste** gewürzt werden.*

Zitronengrassuppe mit Ramen-Nudeln

FÜR 2 PERSONEN
Zubereitungszeit: ca. 25 Min.
Pro Portion: ca. 845 kcal,
16 g EW, 58 g F, 43 g KH

100 g Ramen-Nudeln (ohne Ei) *
Salz
1 kleine frische rote Chilischote
2 Stangen Zitronengras
500 ml Gemüsebrühe (s. Grundrezept S. 24 oder Instant)
1 Dose Kokosmilch (400 ml)
1 EL mildes Currypulver
4 EL gesalzene geröstete Cashewkerne
1 kleine rote Zwiebel
4 EL Erdnussöl | 200 g Babyspinat

* *aus dem Bio- oder Asienladen*

1 Die Nudeln nach Packungsangabe in reichlich kochendem Salzwasser zugedeckt garen. Nach der Garzeit in ein Sieb abgießen, mit kaltem Wasser abschrecken und abtropfen lassen.

2 Die Chilischote waschen. Das Zitronengras mehrmals einschneiden und zusammen mit Brühe, Kokosmilch, Currypulver und der Chilischote in einen Topf geben. Aufkochen und offen ca. 2 Min. kochen.

3 Die Cashewkerne grob hacken. Die Zwiebel schälen und in Streifen schneiden. Im Wok oder in einer großen Pfanne das Öl erhitzen und die Zwiebelstreifen zusammen mit den gegarten Nudeln und den gehackten Cashews ca. 4 Min. braten. Mit Salz würzen.

4 Den Spinat verlesen, waschen und trocken schleudern. Zitronengras und Chilischote aus der Suppe entfernen. Spinat dazugeben und ca. 2 Min. kochen, dann evtl. nachsalzen. Suppe mit Spinat in vorgewärmte Schalen schöpfen und den Wokinhalt darauf verteilen.

MEINE TAUSCH- UND AROMATIPPS

*Statt der japanischen Ramen-Nudeln können Sie andere asiatische Suppennudeln wie **Udon-** oder **Soba-Nudeln** verwenden, auch **Glasnudeln** oder **Spaghettini**. Die Garzeit richtet sich nach der Packungsangabe.*
*Statt mit Zitronengras können Sie die Suppe mit **frisch geriebenem Ingwer** würzen und mit etwas **frisch gepresstem Limettensaft** abschmecken.*

Frühlingsrollen

mit Spitzkohl-Pilz-Füllung

Frühlingsrollen sind die Nummer 1 auf der Speisekarte im China-Imbiss und wohl das meistbestellte Essen in jedem China-restaurant. Hier kommt die »Heimwerkerversion«: Die selbst gerollten schmecken wie beim Chinesen!

FÜR 4 PERSONEN
Zubereitungszeit: ca. 40 Min.
Pro Portion: ca. 465 kcal,
8 g EW, 34 g F, 31 g KH

8 Blätter TK-Frühlingsrollenteig (ca. 21,5 cm Ø) *
200 g Austernpilze
1/4 Kopf Spitzkohl
20 g eingelegter Ingwer
100 g Sojasprossen
1 EL helle Sesamsamen
4 EL neutrales Pflanzenöl
100 g gegarter Reis vom Vortag
3 EL Sojasauce | Salz
1 Eiweiß (Größe M)

Außerdem:
1 l neutrales Pflanzenöl zum Frittieren

1 Die Teigblätter bei Zimmertemperatur auftauen lassen. Inzwischen die Austernpilze trocken abreiben, putzen und klein würfeln. Das Spitzkohlviertel waschen und längs halbieren, die Blätter ohne Strunkteil quer in schmale Streifen schneiden oder hobeln. Den Ingwer grob hacken, die Sojasprossen in einem Sieb kalt abbrausen und abtropfen lassen. In einer Pfanne ohne Fett den Sesam goldbraun rösten, dann abkühlen lassen.

2 Im Wok oder in einer großen Pfanne das Öl erhitzen, den Spitzkohl und die Pilze darin in 4–6 Min. hellbraun braten. Den Reis, die Sojasprossen und den Ingwer dazugeben und alles weitere 3 Min. braten. Die Sojasauce und den Sesam dazugeben und ca. 1 Min. weiterschmoren, dann salzen. Die Reis-Gemüse-Mischung auf eine Platte geben und abkühlen lassen.

3 Das Eiweiß glatt rühren. Nacheinander die Ränder der Teigblätter dünn mit Eiweiß bepinseln und je 2–3 EL Füllung mittig daraufsetzen. Das Blatt von links und rechts über die Füllung klappen und von unten nach oben fest zusammenrollen. Die Rollen 10 Min. ruhen lassen. Den Backofen auf 100° vorheizen.

4 In einem hochwandigen Topf das Öl zum Frittieren auf ca. 175° erhitzen. Die Temperatur prüfen: An einem eingetauchten Holzkochlöffelstiel sollen Bläschen aufsteigen. Die Frühlingsrollen portionsweise im Öl in je ca. 3 Min. goldbraun frittieren. Die fertigen Rollen auf Küchenpapier entfetten und bis zum Servieren im heißen Backofen warm stellen.

MEIN SERVIERTIPP

*Zum **Dippen** passt zu den knusprigen Frühlingsrollen sehr gut süße Sojasauce mit Sesam, aber auch scharfe Chilisauce oder ein Curry-Dip.*

* *Frühlingsrollenteig gibt es im Asienladen oder im gut sortierten Supermarkt. Die tiefgekühlten Blätter zum Verarbeiten auftauen und nicht verwendete wieder einfrieren.*

Seitan-
Summer-Rolls

Diese Verwandten der chinesischen Frühlingsrollen sind besonders in Vietnam und Thailand beliebt. Man frittiert sie dort jedoch nicht: Kräuter und Gemüse werden roh in eingeweichte Reisblätter gewickelt und kalt mit süßscharfer Chilisauce serviert.

FÜR 2 PERSONEN
Zubereitungszeit: ca. 45 Min.
Pro Portion: ca. 470 kcal,
18 g EW, 14 g F, 58 g KH

100 g Seitan*
1 EL neutrales Pflanzenöl
1 EL süße Sojasauce
1 Möhre
2 EL gesalzene geröstete Cashewkerne
100 g gegarter Reis vom Vortag
Salz | 1/4 Bio-Salatgurke
1/4 Romanasalatherz
2–4 Stängel Koriander
8 Reisblätter (ca. 22 cm Ø; s. Tipp)
4–5 EL süß-scharfe Chilisauce + Sauce zum Dippen*
4 TL Röstzwiebeln (Fertigprodukt)

* *aus dem Bio- oder Asienladen*

1 Den Seitan in schmale Streifen schneiden. In einer Pfanne das Öl erhitzen und die Streifen darin goldbraun braten. Mit der süßen Sojasauce ablöschen, durchmischen und abkühlen lassen.

2 Die Möhre schälen, putzen und fein raspeln. Die Cashewkerne klein hacken. Beides mit dem Reis und dem Seitan mischen und salzen.

3 Das Gurkenviertel waschen und in dünne Streifen schneiden oder hobeln. Den Romanasalat waschen, die Blätter trocken tupfen und längs in breite Streifen schneiden. Den Koriander waschen und gut trocken schütteln, die Blätter von den Stängeln zupfen.

4 Die Reisblätter nach Packungsangabe einzeln mit kaltem Wasser befeuchten und zu Rollen verarbeiten: Je 1 weiches Blatt auf die Arbeitsfläche legen und in der Mitte mit ca. 1 TL süß-scharfer Chilisauce bestreichen. Darauf ein Achtel von Reisfüllung, Gurke und Salat geben. Mit Korianderblättern und Röstzwiebeln nach Geschmack bestreuen. Das Reisblatt von oben und unten über die Füllung klappen. Die Seiten von links und rechts her einschlagen und das Ganze von unten nach oben aufrollen.

5 Die Seitan-Summer-Rolls servieren und zum Dippen süß-scharfe Chilisauce dazu reichen.

MEINE PRAXISTIPPS

***Reisblätter** oder **-papier** finden Sie im Asienladen oder gut sortierten Supermarkt. Keine Sorge bei Großpackungen: Die trockenen Blätter sind sehr lange haltbar.*
*Die Summer-Rolls sind sehr filigran und die Reisblätter hauchdünn. Wenn Sie stabilere Rollen möchten, legen Sie einfach **2 Blätter** übereinander und verfahren sonst wie im Rezept beschrieben.*

Tempeh in Kokospanade

auf Krautsalat

Der in knuspriger Kokospanade gebratene Tempeh passt sehr gut zum Asia-Krautsalat, der – feinsäuerlich, Macadamia-nussig und mit einem Hauch Sesamöl abgeschmeckt – auch als Ergänzung zu anderen Asia-Gerichten schmeckt.

FÜR 2 PERSONEN
Zubereitungszeit ca. 35 Min.
Pro Portion: ca. 1125 kcal, 36 g EW, 94 g F, 30 g KH

200 g Tempeh*
1 Stück Kombu-Alge*
8 EL Sojasauce | 1 Knoblauchzehe
10 g frischer Ingwer
1 kleine frische rote Chilischote
2 Eier (Größe M) | Salz
2 EL Mehl | 100 g Kokosflocken
4 EL neutrales Pflanzenöl

Für den Krautsalat:
1/4 Kopf Spitzkohl | 1 EL Reisessig (ersatzweise Weißweinessig)
Salz
1–2 Prisen Zucker
2 EL neutrales Pflanzenöl
2–4 Tropfen dunkles Sesam-Würzöl*
60 g Macadamia-Nusskerne

* *aus dem Bio- oder Asienladen*

1 Den Tempeh in einen Topf geben und mit Wasser bedecken. Das Wasser aufkochen, die Kombu-Alge und 2 EL Sojasauce dazugeben und offen bei schwacher Hitze 15 Min. köcheln lassen. Den Tempeh herausnehmen und auskühlen lassen.

2 Inzwischen für die Marinade die Knoblauchzehe schälen und in Scheibchen schneiden. Den Ingwer schälen und fein reiben. Die Chilischote waschen, putzen, in schmale Ringe schneiden und mit dem Knoblauch, dem Ingwer und der übrigen Sojasauce verrühren. Den Tempeh in Scheiben schneiden und bis zum Panieren in der Marinade ziehen lassen.

3 Für den Krautsalat das Spitzkohlviertel waschen, vom Strunkteil befreien und in schmale Streifen schneiden oder hobeln. Mit Essig, Salz und 1 Prise Zucker würzen und mit einem Stößel oder Kartoffelstampfer geschmeidig und weich stampfen oder kneten. das Öl und das Sesam-Würzöl dazugeben und den Krautsalat nochmals mit Salz und Zucker abschmecken. Die Macadamiakerne grob hacken und daruntermengen.

4 Die Eier aufschlagen und in einen tiefen Teller geben, dann mit etwas Salz würzen und verquirlen. Das Mehl in einen zweiten, die Kokosflocken in einen dritten tiefen Teller geben. Die Tempehscheiben aus der Marinade nehmen und zuerst im Mehl wälzen, dann durch das Ei ziehen und zuletzt in den Kokosflocken wälzen. Die Flocken gut andrücken.

5 In einer großen beschichteten Pfanne das übrige Öl erhitzen. Die Tempehscheiben darin von beiden Seiten goldbraun braten und salzen. Heiß servieren und den Krautsalat dazu reichen.

MEINE PRAXIS- UND AROMATIPPS

*Am besten schmeckt der Tempeh, wenn Sie die Scheiben **über Nacht** zugedeckt im Kühlschrank marinieren. Auch der Krautsalat lässt sich gut vorab zubereiten und schmeckt durchgezogen noch besser.*
*Eine fruchtige Note geben Sie dem Salat mit **gewürfelter Ananas** oder **reifer Mango**. Zusätzlich können Sie ihn mit **frisch gehacktem Koriander** würzen.*

Gebratener Kürbis

mit schwarzen Bohnen

FÜR 4 PERSONEN
Zubereitungszeit: ca. 30 Min.
Pro Portion: ca. 375 kcal,
12 g EW, 12 g F, 52 g KH

180 g Basmatireis | Salz
600 g Butternut-Kürbis
(geputzt ca. 400 g)
1 grüne Paprikaschote
1 rote Zwiebel | 1 Knoblauchzehe
1 Dose schwarze Bohnen (425 ml)
1 EL helle Sesamsamen
4 EL neutrales Pflanzenöl
5 EL süß-scharfe Chilisauce
50 ml Gemüsebrühe (s. Grundrezept S. 24 oder Instant)
Pfeffer

1 Den Reis nach Packungsangabe in Salzwasser zugedeckt garen. Inzwischen den Kürbis schälen und das Fruchtfleisch ohne Kerne und Fasern in schmale Spalten oder Scheiben schneiden. Die Paprikaschote waschen, halbieren und putzen, dann in Streifen schneiden. Die Zwiebel schälen und in schmale Halbringe schneiden. Den Knoblauch schälen und in Scheibchen schneiden. Die Bohnen in einem Sieb abtropfen lassen.

2 Im Wok oder in einer großen Pfanne den Sesam rösten, dann herausnehmen. Das Öl erhitzen und Kürbis und Paprika darin bei mittlerer Hitze ca. 10 Min. rührbraten. Zwiebel und Knoblauch dazugeben und alles weitere 3 Min. braten, dann die Bohnen dazugeben.

3 Die Chilisauce und die Brühe unter das Gemüse rühren. Alles offen in 2–3 Min. dicklich schmoren, dann mit Salz und Pfeffer abschmecken.

4 Den fertigen Reis heiß mit dem gerösteten Sesam mischen und zu dem Kürbisgemüse servieren.

MEINE TAUSCH- UND AROMATIPPS

Das Rezept lässt sich ebenso gut mit ***Hokkaido-Kürbis*** *zubereiten; dann entfällt das Schälen.*
Wer das spezielle Aroma schätzt, kann das Gericht mit ***frischen Korianderblättern*** *bestreuen.*

Auberginen und Pilze in scharfer Sauce

FÜR 4 PERSONEN
Zubereitungszeit: ca. 30 Min.
Pro Portion: ca. 415 kcal,
12 g EW, 18 g F, 49 g KH

180 g Basmatireis | Salz
2–3 Frühlingszwiebeln
1/2–1 kleine frische rote Chilischote
1 Knoblauchzehe
1 EL Speisestärke
350 ml Gemüsebrühe (s. Grundrezept S. 24 oder Instant)
6 EL Sojasauce
450 g Auberginen
200 g Shiitake-Pilze
5 EL neutrales Pflanzenöl
1 Prise Zucker
4 EL gesalzene geröstete Erdnusskerne
4 Stängel Koriandergrün

1 Den Reis nach Packungsangabe in kochendem Salzwasser zugedeckt garen. Inzwischen die Frühlingszwiebeln und die Chilischote waschen und putzen. Beides in schmale Ringe schneiden. Den Knoblauch schälen und in Scheibchen schneiden. Die Stärke mit der Brühe und der Sojasauce glatt rühren. Chili, Knoblauch und Frühlingszwiebeln daruntermischen.

2 Die Auberginen waschen, putzen und in mundgerechte Würfel schneiden. Die Pilze trocken abreiben, die Stiele herausdrehen und wegwerfen, die Hüte vierteln. Im Wok oder in einer großen Pfanne das Öl erhitzen und die Auberginenwürfel sowie die Pilze darin unter Rühren goldbraun braten. Dann mit Salz und 1 Prise Zucker würzen.

3 Die Erdnüsse und die Stärkemischung dazugeben. Alles aufkochen, dann offen dicklich einkochen und evtl. nachsalzen. Koriander waschen und trocken schütteln. Die Blätter abzupfen, das Gericht damit bestreuen und mit dem fertigen Reis heiß servieren.

MEINE TAUSCH- UND AROMATIPPS

Auch ***Zucchini*** *schmecken in dieser Zubereitung exzellent. Oder Sie ersetzen die Auberginen einmal durch* ***250 g gewürfelten Räuchertofu*** *oder* ***Seitan.*** *Zusätzlich können Sie* ***Sojasprossen*** *oder* ***Bambusschösslinge*** *dazugeben. Anstelle von Chili passt geschmacklich auch etwas* ***frisch geriebener Ingwer*** *in die Sauce und statt der Erdnüsse* ***geröstete Cashewkerne.***

Spitzkohlpfannkuchen mit Sesam

Der fluffige Pfannkuchen aus dem Backofen kommt mit scharfem Paprika-Sprossen-Gemüse, würzigem Seitan und knackigen Salatstreifen auf den Tisch – Proviant für eine kleine Asien-Spritztour zwischendurch!

FÜR 4 PERSONEN
Zubereitungszeit: ca. 45 Min.
Pro Portion: ca. 430 kcal, 24 g EW, 29 g F, 18 g KH

2 EL helle Sesamsamen
5 Eier (Größe M)
4 EL Mehl
1 TL Backpulver | Salz
1/4 Kopf Spitzkohl
7 EL neutrales Pflanzenöl
2 Stängel Koriandergrün
1 rote Paprikaschote
1 große rote Zwiebel
1–2 kleine frische rote Chilischoten
1 Knoblauchzehe
200 g Seitan*
100 g Sojasprossen*
2 EL Sojasauce
4 zarte Romanasalatblätter
Außerdem:
ofenfeste Pfanne

* *aus dem Bio- oder Asienladen*

1 Den Backofen auf 220° vorheizen. Für den Pfannkuchenteig den Sesam in der Pfanne ohne Fett goldbraun rösten, dann herausnehmen und abkühlen lassen. In einer Schüssel die Eier mit Mehl, Backpulver und dem Sesam glatt verrühren und mit Salz würzen.

2 Das Spitzkohlviertel waschen und trocken schütteln. Den Strunkteil entfernen und die Blätter in Streifen schneiden oder hobeln. In der Pfanne 3 EL Öl erhitzen, den Kohl darin goldbraun braten und salzen. Den Teig dazugeben und in 2 Min. anstocken lassen. Dann im heißen Ofen (Mitte) ca. 8 Min. fertig backen.

3 Inzwischen den Koriander waschen und trocken schütteln, die Blätter abzupfen. Die Paprikaschote waschen, halbieren und putzen, die Zwiebel schälen. Beides in schmale Streifen schneiden. Chilischoten waschen, putzen, je nach gewüschter Schärfe entkernen und in schmale Ringe schneiden. Den Knoblauch schälen und in Scheibchen schneiden. Den Seitan in Streifen schneiden.

4 In einer zweiten Pfanne das übrige Öl erhitzen, Zwiebel- und Paprikastreifen darin 8 Min. braten. Währenddessen die Sojasprossen in einem Sieb kalt abbrausen und abtropfen lassen. Dann zusammen mit Chili, Knoblauch und den Seitanstreifen zum Paprikagemüse geben und mitbraten. Mit der Sojasauce ablöschen. Das Gemüse in der Pfanne durchschwenken, wieder erhitzen und mit wenig Salz abschmecken.

5 Den Salat waschen und trocken tupfen. Den Pfannkuchen aus dem Ofen nehmen, auf ein Brett gleiten lassen und in Tortenstücke schneiden. Diese mit den Salatblättern und dem Paprika-Seitan-Gemüse sowie den Korianderblättern garnieren und sofort servieren.

MEINE TAUSCH- UND AROMATIPPS

*Das Paprikagemüse können Sie mit frisch geriebenem **Ingwer** etwas milder schärfen als mit Chili. Den Seitan können Sie gegen **Räuchertofu** tauschen, und wer es knackig mag, bestreut das fertige Gericht mit **gerösteten Cashews** oder **Röstzwiebeln.***

Gebratener Gemüsereis

mit Omelettstreifen

Beim indonesischen Bratreis-Klassiker Nasi Goreng kommt verquirltes Ei in »Fetzen« unter den Reis; bei dieser Version krönt vornehmes Koriander-Sesam-Omelett in Streifen das nach Curry duftende Gericht.

FÜR 4 PERSONEN
Zubereitungszeit: 30 Min.
Pro Portion: ca. 430 kcal, 14 g EW, 27 g F, 33 g KH

1/4 Kopf Weißkohl
1 rote Paprikaschote
150 g Shiitake-Pilze
1 Stange Lauch | 1 Knoblauchzehe
1/2–1 kleine frische rote Chilischote
8 EL neutrales Pflanzenöl
350 g gegarter Basmatireis vom Vortag

1 TL Currypulver
1 Msp. gemahlene Kurkuma
3 EL Sojasauce | Salz
4 Eier (Größe M)
2 Stängel Koriandergrün
1 EL Gomasio (s. S. 120)*

* *aus dem Asienladen*

1 Für den Gemüsereis das Weißkohlviertel waschen, vom Strunkteil befreien und in Streifen schneiden oder hobeln. Die Paprikaschote waschen, halbieren, putzen und in schmale Streifen schneiden. Die Pilze trocken abreiben, die Stiele herausdrehen und wegwerfen, die Hüte in dünne Scheiben schneiden. Die Lauchstange schräg in dünne Scheiben schneiden und diese in einem Sieb gründlich waschen. Die Knoblauchzehe schälen und in Scheibchen schneiden. Die Chilischote waschen, putzen und in Ringe schneiden.

2 Im Wok oder in einer großen Pfanne 6 EL Öl erhitzen und Kohl, Paprika, Pilze und Lauch darin ca. 8 Min. rührbraten. Knoblauch und Chili zusammen mit dem Reis, dem Currypulver, der Kurkuma und 2 EL Sojasauce darunterrühren. Alles weitere 2 Min. braten, salzen und bis zum Anrichten warm stellen.

3 Die Eier in eine Schüssel aufschlagen und mit der übrigen Sojasauce glatt rühren. Den Koriander waschen und trocken schütteln, die Blätter abzupfen. Zwei Drittel davon und das Gomasio unterrühren.

4 In einer beschichteten Pfanne das übrige Öl erhitzen. Die Eiermasse hineingeben und in 2 Min. von einer Seite stocken lassen. Das Omelett mit einem Pfannenwender rundum lösen. Dann mit dem Wender darunterfahren und das Omelett mit einem Schwung umdrehen. Die andere Seite ebenfalls 2 Min. braten.

5 Den Gemüsereis auf vorgewärmte Schalen verteilen. Das Omelett mit einem scharfen Messer in breite Streifen schneiden und diese auf die Portionen legen. Mit dem übrigen Koriander bestreut servieren.

MEINE PRAXISTIPPS

***Am Vortag gekochter Reis** ist etwas angetrocknet und bleibt deshalb beim Braten schön körnig. Für 350 g gekochten Reis brauchen Sie ca. 120–150 g rohen.*

Seitan-Saté

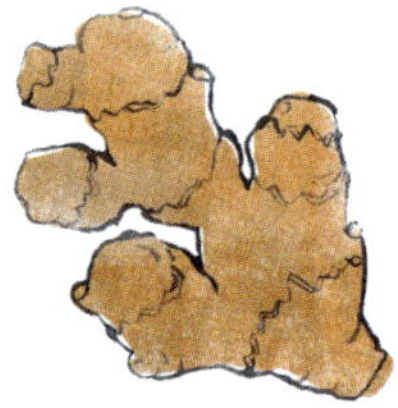

mit Möhren-Mango-Salat

Eine wirkliche Schönheit, dieser erfrischende Salat aus Möhrenlocken mit süßer Mango! Die pikanten Seitan-Saté-Spieße schmecken perfekt dazu. Die indonesischen Saté- oder auch Satay-Spieße sind in ganz Asien als schnelles Streetfood beliebt.

FÜR 2 PERSONEN
Zubereitungszeit: ca. 35 Min.*
Pro Portion: ca. 1095 kcal, 46 g EW, 58 g F, 98 g KH

180 g Basmatireis
Salz
200 g Seitan
3 EL Sojasauce
3 EL süß-scharfe Chilisauce
3 Möhren
1/2 Mango
20 g frischer Ingwer
4 Stängel Koriandergrün
1/2 Limette
1/2 Orange
6 EL neutrales Pflanzenöl
100 g gesalzene geröstete Erdnusskerne

Außerdem:
4 Holzspieße

1 Den Reis nach Packungsangabe in kochendem Salzwasser zugedeckt garen, dann warm halten.

2 Inzwischen den Seitan in ca. 1 cm dicke Scheiben und diese in 3–4 cm große Quadrate schneiden. Die Sojasauce mit der Chilisauce vermischen. Die Seitanstücke damit bestreichen und je 6–8 davon mit etwas Abstand voneinander auf die Spieße stecken.

3 Für den Salat die Möhren schälen, putzen und mit dem Sparschäler in dünne Streifen schneiden oder hobeln. Die Mango schälen, das Fruchtfleisch erst vom Stein und dann in dünne Spalten schneiden. Den Ingwer schälen und fein reiben. Den Koriander waschen und trocken schütteln, die Blätter hacken. Limetten- und Orangenhälfte auspressen. Alles in eine Schüssel geben, mit 2 EL Öl vermischen und salzen.

4 In einer Pfanne das übrige Öl erhitzen, die Seitanspieße darin rundum goldbraun braten, dann leicht salzen. Die Erdnüsse grob hacken. Die Spieße zusammen mit dem Salat auf Tellern anrichten und mit der übrigen Marinade beträufeln, den heißen Reis mit den Erdnüssen garnieren und dazu servieren.

MEINE AROMA- UND TAUSCHTIPPS

*Apropos Aroma: Die Marinade für den Seitan können Sie zusätzlich mit **1/2 durchgepressten Knoblauchzehe** würzen. Und der Reis schmeckt statt mit Erdnüssen auch sehr gut mit **Cashew-** oder **Macadamiakernen.***

* *Bestreichen Sie den Seitan am besten schon am Vortag oder ein paar Stunden vor dem Essen mit der Sauce und marinieren Sie ihn dann zugedeckt im Kühlschrank – so hat er viel Zeit, Aroma aufzunehmen.*

Spießig?
Ach, woher!

Erdnuss-Tofuschnitzel

mit Chili-Gurkensalat

Zarter Tofu, umhüllt von einer Knusperkruste aus Erdnüssen, gepaart mit einem kühlenden Asia-Gurkensalat. Die perfekte Begleitung dazu ist der »braune Reis« – mit Sojasauce und Knoblauch gebratener Basmatireis. Ein echtes Festessen, dieser Dreiklang!

FÜR 4 PERSONEN
Zubereitungszeit: ca. 35 Min.
Pro Portion: ca. 605 kcal, 23 g EW, 36 g F, 46 g KH

150 g Basmatireis
Salz
1 Bio-Salatgurke
250 g Tofu*
2 EL süß-scharfe Chilisauce*
120 g gesalzene geröstete Erdnusskerne
1 Ei (Größe M)
2–3 EL Mehl
6 EL neutrales Pflanzenöl
100 g Sojasprossen
1 Knoblauchzehe
1 EL Zucker
2 EL Sojasauce

* *aus dem Bio- oder Asienladen*

1 Den Reis nach Packungsangabe in kochendem Salzwasser zugedeckt garen. Inzwischen die Gurke waschen, dünn hobeln, salzen und beiseitestellen.

2 Den Tofu in Scheiben schneiden, diese salzen und mit 1 EL Chilisauce bestreichen. Die Erdnüsse im Blitzhacker zerkleinern und auf einen Teller geben. Das Ei in einem tiefen Teller verquirlen. Die Tofuscheiben leicht mit Mehl bestäuben und dann im Ei wenden. Etwas abtropfen lassen, dann in den Erdnüssen wenden und diese fest andrücken.

3 In einer beschichteten Pfanne 4 EL Öl erhitzen und darin die Tofuschnitzel von beiden Seiten in je 2–3 Min. goldbraun braten, dann warm stellen.

4 Die Sojasprossen in einem Sieb kalt abbrausen und in kochendem Salzwasser 1 Min. blanchieren. Die Sprossen in ein Sieb abgießen und kalt abschrecken. Die Gurkenscheiben gut ausdrücken und mit den Sprossen mischen. Den Salat mit je 1 EL Öl und Chilisauce sowie Salz abschmecken.

5 Den Knoblauch schälen und in kleine Würfel schneiden. In einer Pfanne den übrigen EL Öl und die Sojasauce zusammen mit dem Zucker und dem Knoblauch aufkochen. Den fertigen Reis daruntermischen und 1 Min. braten, dann das Ganze nach Belieben mit Salz abschmecken.

6 Die Tofuschnitzel in Dreiecke schneiden und mit dem Gurkensalat und dem braunen Reis servieren.

MEINE TAUSCH- UND AROMATIPPS

Statt aus geschmacklich neutralem Tofu können Sie die Schnitzel auch sehr gut aus ***Räucher-, Kräuter- oder Algen-Tofu*** *zubereiten.*
Der Chili-Gurkensalat verträgt gut kräuterfrische Würze – z. B. mit etwas ***frisch gehacktem Koriandergrün*** *oder* ***Thai-Basilikum.***

Tausend Ameisen

FÜR 2 PERSONEN
Zubereitungszeit: ca. 30 Min.
Pro Portion: ca. 590 kcal,
26 g EW, 29 g F, 54 g KH

100 g Basmatireis
Salz
3 Schalotten
1 Knoblauchzehe
250 g Tofu *
100 g Sojasprossen *
1 Stängel Petersilie
4 EL Olivenöl
6 EL Sojasauce
2–4 EL süß-scharfe Chilisauce *
100 ml Gemüsebrühe (s. Grundrezept S. 24 oder Instant)

* *aus dem Bio- oder Asienladen*

1 Den Reis nach Packungsangabe in kochendem Salzwasser zugedeckt garen. Die Schalotten und den Knoblauch schälen, die Schalotten klein würfeln, den Knoblauch dazupressen. Den Tofu mit der Hand fein zerbröckeln. Die Sojasprossen in einem Sieb kalt abbrausen und abtropfen lassen. Die Petersilie waschen und trocken schütteln, die Blätter abzupfen.

2 Im Wok oder in einer Pfanne 3 EL Öl erhitzen. Die Schalottenwürfel und den Tofu darin hellbraun braten. Die Soja- und die Chilisauce sowie die Gemüsebrühe dazugeben, aufkochen und offen 2 Min. weiterkochen, dann bis zum Anrichten warm stellen.

3 In einem Pfännchen das übrige Öl erhitzen, Petersilie und Sprossen darin 1 Min. braten und salzen.

4 Den heißen fertigen Basmatireis als »Hügelkette« auf Tellern oder Platten arrangieren, darauf eine »Ameisenstraße« aus dem Tofu anlegen und mit der Sprossen-Petersilien-Mischung garnieren; so tragen die »Ameisen« auf ihren Rücken Blattwerk aus Petersilienblättern und »Zweige« aus Sojasprossen.

Brokkoli und Mangold mit Azuki-Bohnen

FÜR 4 PERSONEN
Zubereitungszeit: ca. 30 Min.
Pro Portion: ca. 410 kcal,
13 g EW, 13 g F, 53 g KH

180 g Basmatireis
Salz
1 kleiner Brokkoli (ca. 170 g)
1 Staude Mangold (ca. 140 g)
2 Knoblauchzehen
1 Dose Azuki-Bohnen *
(425 ml; ersatzweise schwarze oder Kidneybohnen)
4 EL neutrales Pflanzenöl
4 EL gesalzene geröstete Cashewkerne
1/2–1 TL grob gemahlener schwarzer Pfeffer
250 ml Gemüsebrühe (s. Grundrezept S. 24 oder Instant)
4 EL Sojasauce
1 TL Speisestärke

* *aus dem Asienladen*

1 Den Reis nach Packungsangabe in kochendem Salzwasser zugedeckt garen. Brokkoli waschen und in kleine Röschen teilen. Die Röschen halbieren oder in Scheiben schneiden, den Strunk schälen und würfeln.

2 Den Mangold waschen, putzen und quer in schmale Streifen schneiden. Den Knoblauch schälen und in kleine Würfel schneiden. Die Bohnen in ein Sieb abgießen und abtropfen lassen.

3 Im Wok oder in einer großen Pfanne das Öl erhitzen und den Brokkoli darin bei mittlerer Hitze ca. 8 Min. rührbraten. Mangold, Knoblauch, Bohnen und Cashews unterrühren. Das Gemüse salzen und pfeffern.

4 Die Gemüsebrühe und die Sojasauce angießen, das Ganze aufkochen und 1 Min. weiterkochen. Die Speisestärke mit 1 EL Wasser glatt rühren und die kochende Sauce damit leicht binden. Das Gericht mit dem fertigen Reis heiß servieren.

MEINE AROMA- UND TAUSCHTIPPS

*Mit **20 g frisch geriebenem Ingwer, 1 EL Teriyaki-Sauce** oder **süß-scharfer Chilisauce** können Sie das Gericht noch mehr à la Fernost würzen.*
*Den Brokkoli können Sie durch **Blumenkohl** ersetzen, und als Beilage passt nicht nur Basmatireis, sondern auch **Langkorn**- oder **Jasminreis** oder eine **Wildreismischung**.*

Geschmorter Tofu

mit Frühlingszwiebeln

Japan meets Szechuan: *Ingwer, Knoblauch, Szechuan-Pfeffer und japanische Misopaste verhelfen dem Räuchertofu hier zu seinem ganz großen Geschmacksauftritt. Wie das allein schon duftet! Gut, dass das Wokken so schnell geht.*

FÜR 2 PERSONEN
Zubereitungszeit: ca. 25 Min.
Pro Portion: ca. 515 kcal,
31 g EW, 32 g F, 26 g KH

200 g breite grüne Bohnen
Salz
20 g frischer Ingwer
1 Knoblauchzehe
1 EL helle Miso-Paste *
1 TL frisch gemahlener schwarzer Pfeffer
1/2 TL frisch gemahlener Szechuan-Pfeffer
1 gute Prise Zucker
1 Bund Frühlingszwiebeln
250 g Räuchertofu *
4 EL neutrales Pflanzenöl
8 EL Sojasauce
100 ml Gemüsebrühe (s. Grundrezept S. 24 oder Instant)

* *aus dem Bio- oder Asienladen*

1 Die Bohnen waschen und putzen, dann schräg in mundgerechte Rauten schneiden. In einem Topf reichlich Wasser aufkochen und salzen, die Bohnen darin zugedeckt ca. 7 Min. garen. Danach in ein Sieb abgießen und kalt abschrecken.

2 Inzwischen den Ingwer schälen und auf einer Gemüsereibe fein reiben. Den Knoblauch schälen und grob zerkleinern. Im Mörser den Ingwer zusammen mit dem Knoblauch, der Miso-Paste, dem schwarzen Pfeffer, dem Szechuan-Pfeffer und dem Zucker fein zu einer Paste zerreiben.

3 Die Frühlingszwiebeln waschen, putzen und in schmale Ringe schneiden. Den Räuchertofu längs halbieren, dann in Scheiben und diese mundgerecht in Quadrate schneiden.

4 Im Wok oder in einer großen Pfanne das Öl erhitzen und den Tofu darin von beiden Seiten goldbraun braten. Die Frühlingszwiebeln und die Würzpaste dazugeben und unterheben. Mit der Sojasauce und der Brühe ablöschen und aufkochen. Die Bohnen dazugeben und alles offen in 2–3 Min. dicklich einkochen.

5 Den Wokinhalt auf vorgewärmte Platten oder Schalen verteilen und sofort servieren.

MEINE BEILAGEN- UND TAUSCHTIPPS

Zum geschmorten Tofu schmeckt natürlich ***Basmati-*** *oder* ***Langkornreis,*** *aber auch jede Art* ***asiatischer Nudeln.*** *Beachten Sie wegen der unterschiedlichen Garzeiten (und bei Nudeln wegen des möglichen Gehalts an Ei) jeweils die Packungsangaben.*
Statt mit Räuchertofu können Sie dieses Gericht auch mit ***Seitan*** *oder* ***Tempeh*** *zubereiten.*

Japanisch-chinesische
Crossover-Küche:
Von allem das Beste!

Seitan Peking-Art

mit Spargel

Hoisin, die scharf-süße Sauce im Barbecue Style aus China, würzt für gewöhnlich die klassische Peking-Ente, verleiht aber auch Seitan Flügel – wie diese Komposition beweist! Dazu passen duftender Basmatireis und gebratener Spargel.

FÜR 4 PERSONEN
Zubereitungszeit: ca. 30 Min.
Pro Portion: ca. 465 kcal,
28 g EW, 16 g F, 51 g KH

180 g Basmatireis | Salz
1 EL helle Sesamsamen
400 g Seitan*
1 Knoblauchzehe
1 frische rote Chilischote
5 EL neutrales Pflanzenöl
2 Stück Sternanis
1 TL Fenchelsamen
2 TL edelsüßes Paprikapulver
200 ml Gemüsebrühe (s. Grundrezept S. 24 oder Instant)
50 ml Hoisin-Sauce*
1 Bund grüner Spargel (500 g)
1 Prise Zucker

* *aus dem Bio- oder Asienladen*

1 Den Reis nach Packungsangabe in kochendem Salzwasser zugedeckt garen, dann warm halten. Inzwischen im Wok oder in einer großen Pfanne ohne Fett die Sesamsamen goldgelb rösten, dann herausnehmen und beiseitestellen. Den Seitan in 8 Scheiben schneiden. Knoblauch schälen und in Scheibchen schneiden. Die Chilischote waschen, putzen und halbieren, die Kerne entfernen.

2 Im Wok oder in der großen Pfanne 2 EL Öl erhitzen. Knoblauch, Chilischote, Sternanis, Fenchelsamen und Paprikapulver darin erwärmen, bis die Gewürze duften. Die Brühe und die Hoisin-Sauce dazugeben. Alles aufkochen, dann den Seitan dazugeben und die Sauce offen bei mittlerer Hitze dicklich einkochen.

3 Inzwischen den Spargel waschen. Holzige Enden entfernen und die Stangen im unteren Drittel schälen. Den Spargel längs halbieren und quer dritteln.

4 In einer zweiten Pfanne das übrige Öl erhitzen. Den Spargel darin bei mittlerer Hitze 6–8 Min. braten; zwischendurch wenden. Mit Salz und Zucker würzen.

5 Den gebratenen Spargel und darauf den Seitan anrichten, die Sauce darüberträufeln und alles mit dem gerösteten Sesam bestreuen. Zusammen mit dem heißen Basmatireis servieren.

MEINE TAUSCHTIPPS

*Der zarte **Thai-Spargel** aus dem Asienladen ist zum Braten ebenfalls bestens geeignet und noch schneller gar. Mit etwas Glück finden Sie auch **wilden Spargel** auf dem Markt, der nur 2–3 Min. gebraten werden muss und besonders aromatisch schmeckt.*
*Statt mit Seitan können Sie das Gericht auch mit **Tofu** oder **Tempeh** zubereiten.*

Glasnudeln

mit grünem Gemüse und Cashews

Neben Würze und Aromen spielt in der asiatischen Küche auch das »Mundgefühl« eine wichtige Rolle. In diesem Gericht sorgen zarte Glasnudeln, Shiitake-Pilze mit Biss, kernige Cashews und knackiges Gemüse für ein abwechslungsreiches Zusammenspiel.

FÜR 2 PERSONEN
Zubereitungszeit: ca. 25 Min.
Pro Portion: ca. 565 kcal, 10 g EW, 24 g F, 63 g KH

- 2 Frühlingszwiebeln
- 1 grüne Paprikaschote
- 80 g Zuckerschoten
- 100 g Shiitake-Pilze
- 1 Knoblauchzehe
- 20 g frischer Ingwer
- 1 kleine frische rote Chilischote
- 200 ml Gemüsebrühe (s. Grundrezept S. 24 oder Instant)
- 4 EL neutrales Pflanzenöl
- 4 EL Sojasauce
- 100 g Glasnudeln
- 4 EL gesalzene geröstete Cashewkerne
- Salz

1 Die Frühlingszwiebeln waschen, putzen und in schmale Ringe schneiden. Die Paprikaschote waschen, halbieren, putzen und in schmale Streifen schneiden. Die Zuckerschoten waschen, putzen und längs in Streifen schneiden. Die Pilze trocken abreiben, die Stiele herausdrehen und wegwerfen, die Hüte in dünne Scheiben schneiden oder hobeln.

2 Die Knoblauchzehe schälen und in Scheibchen schneiden, den Ingwer schälen und fein reiben. Die Chilischote waschen und putzen, je nach gewünschter Schärfe entkernen und in schmale Ringe schneiden. Die Gemüsebrühe erhitzen.

3 Im Wok oder in einer großen Pfanne das Öl erhitzen. Die Frühlingszwiebelringe, Paprika- und Zuckerschotenstreifen sowie die Pilzscheiben darin ca. 3 Min. rührbraten. Knoblauch, Ingwer und Chili dazugeben und alles weitere 2 Min. braten.

4 Die Sojasauce und die heiße Gemüsebrühe dazugeben, alles umrühren und aufkochen. Die Glasnudeln unterrühren, zusammenfallen lassen und alles offen garen, bis die Flüssigkeit vollständig verkocht ist. Die Cashewnüsse grob hacken und untermischen. Das Gericht mit etwas Salz abschmecken.

5 Den Wokinhalt auf vorgewärmte Schalen oder tiefe Teller verteilen und sofort servieren.

MEINE TAUSCH- UND AROMATIPPS

*Statt der Cashewkerne können Sie auch **gesalzene geröstete Erdnusskerne** verwenden.*
*Wer es kräuteraromatisch mag, bestreut die Nudeln mit **frisch gehacktem Koriandergrün** und **Basilikum**.*

Der würzige ORIENT

DIE MORGENLAND-KÜCHE BESTICHT DURCH IHREN GEWÜRZREICHTUM UND BIETET VERFÜHRERISCHE REZEPTE FÜR MINDESTENS 1001 NACHT…

So schmeckt der würzige Orient

Die warm duftende Gewürzküche des Orients regt alle Sinne an und verlockt zu einer kulinarischen Entdeckungsreise durch die Länder der aufgehenden Sonne – bis ins ferne Indien…

1 Currypulver

Das Currypulver gibt es nicht, denn es ist eine Gewürzmischung, deren Rezeptur von Gegend zu Gegend und je nach Einsatzzweck variiert. Kaum zu glauben: Bis zu 40 Gewürze werden mitunter für eine Mischung kombiniert. Oft mit von der Partie ist gemahlene Kurkuma, die für die typische gelbe Färbung sorgt.

2 Kreuzkümmel

Die Kreuzkümmelsamen erinnern optisch an Kümmel, haben damit aber sonst nichts gemeinsam. Das Gewürz, auch Cumin genannt, schmeckt scharf-bitter und verströmt einen kampferartigen Duft. Gemahlen gibt es Kreuzkümmel in fast jedem Supermarkt – am besten aber ist das Aroma frisch gemörserter Samen.

3 Trockenfrüchte

Der Orient liebt die Kombination von würziger Schärfe mit fruchtiger Süße; daher tauchen Trockenfrüchte wie Rosinen und Aprikosen dort oft auch in herzhaften Speisen auf. Die gefüllten Paprikaschoten von Seite 174 etwa beweisen, dass die auf den ersten Blick gegensätzlichen Geschmäcker aufs Feinste zusammengehen.

4 Couscous

Der zu feinsten Kügelchen zerriebene und getrocknete Weizengrießteig kommt ursprünglich von den Nomaden Nordafrikas. Man dämpft Couscous traditionell über kochendem Wasser oder einem Gericht. Vorgekochter und wieder getrockneter Instant-Couscous ist dagegen die moderne Variante.

5 Bulgur

Aus Weizen besteht auch Bulgur, ein Grundnahrungsmittel der ostarabischen Küche: Er wird gekocht, dann getrocknet und zu einem Granulat gemahlen. Mit einem Sieb wird er in groben und feinen Bulgur getrennt. Im Geschmack leicht nussig, ist er vielseitig einsetzbar.

6 Tahin

Die aromatische zähe Paste aus feingemahlenen Sesamsamen ist Geschmacksbasis für Hummus (s. Seite 163), würzt Falafelbällchen (s. Seite 168) und wird gerne auch für Dips und Brotaufstriche verwendet. In Orient- und Bio-Läden finden Sie helles und dunkles Tahin; das helle aus geschältem Sesam schmeckt milder.

Bulgursalat

mit Hummus

Zwei Orient-Klassiker, die am besten schmecken, wenn sie als Duo auf den Tisch kommen: Saftig-frischer Bulgursalat mit Minze, Tomaten und Zwiebeln, dazu eine schnelle Hummus-Kichererbsenpaste – fertig ist die Vorspeisentafel!

FÜR 2 PERSONEN
Zubereitungszeit: ca. 30 Min.
Pro Portion: ca. 770 kcal,
17 g EW, 50 g F, 57 g KH

100 g Bulgur
250 ml Gemüsebrühe (s. Grundrezept S. 24 oder Instant)
Salz | 3 Tomaten
1 Zwiebel
2 Knoblauchzehen
1 Bund Petersilie
2 Stängel Minze

8 EL Olivenöl
Saft von 1 Zitrone
1 Dose Kichererbsen (425 ml)
1 EL Tahin (Sesampaste)*
Pfeffer | 1 EL helle Sesamsamen
edelsüßes Paprikapulver

* *aus dem Bio- oder Asienladen*

1 Für den Salat in einem kleinen Topf den Bulgur mit der Gemüsebrühe und 1 Prise Salz aufkochen. Vom Herd nehmen und zugedeckt ca. 12 Min. quellen lassen. Dann den Bulgur in eine Salatschüssel umfüllen und abkühlen lassen.

2 Inzwischen die Tomaten waschen und achteln, dabei die Stielansätze entfernen. Die Zwiebel schälen und in schmale Streifen schneiden. 1 Knoblauchzehe schälen und in Scheibchen schneiden. Die Petersilie waschen und trocken schütteln. 4 Stängel davon zum Dekorieren beiseitelegen, von den übrigen die Blätter abzupfen und hacken. Die Minze waschen und trocken schütteln, die Blätter ebenfalls hacken.

3 Die Hälfte der Minze sowie Tomaten, Zwiebeln, Knoblauchscheibchen, gehackte Petersilie und 3 EL Olivenöl zum Bulgur geben und alles vermengen. Den Salat mit Salz und 2–4 EL Zitronensaft würzen.

4 Für den Hummus die Kichererbsen in einem Sieb abtropfen lassen und 2–3 EL davon beiseitelegen.

5 Übrigen Knoblauch schälen, in einen Mixbecher geben und zusammen mit den Kichererbsen, der übrigen Minze, dem Tahin und 2 EL Öl pürieren. Mit Salz, Pfeffer und 1 EL Zitronensaft würzen. Die beiseitegelegten Kichererbsen grob hacken und unterrühren.

6 In einem Pfännchen ohne Fett den Sesam goldbraun rösten. Die übrige Petersilie hacken. Den Hummus in eine Schale geben und mit dem restlichen Öl beträufeln. Mit dem Sesam, Petersilie und etwas Paprikapulver bestreuen und zum Salat servieren.

MEINE AROMA- UND BEILAGENTIPPS

*Mit einigen **Orangenfilets** oder gewürfelten weichen **Backpflaumen** können Sie den Bulgursalat fruchtig verfeinern. Probieren Sie auch mal eine Variante mit **Paprikastreifen** und **gewürfelter Salatgurke.***
*Den Hummus können Sie zusätzlich mit etwas **gemahlenem Kreuzkümmel** und **Chiliflocken** abschmecken.*
*Mit **Fladenbrot, Tomaten** und **Gemüsesticks** serviert, schmeckt er übrigens auch solo.*

Marokkanischer **Linseneintopf**

FÜR 4 PERSONEN
Zubereitungszeit: ca. 35 Min.
Pro Portion: ca. 380 kcal,
19 g EW, 19 g F, 29 g KH

2 rote Paprikaschoten | 2 Möhren
ca. 300 g Moschus-oder Hokkaido-kürbis (geputzt ca. 200 g)
1 Zwiebel
1 Knoblauchzehe
4 getrocknete Tomaten (in Öl)
4 EL neutrales Pflanzenöl
1 EL edelsüßes Paprikapulver
1 TL Kreuzkümmelsamen
1 l Gemüsebrühe (s. Grundrezept S. 24 oder Instant)
12 milde Peperoni (aus dem Glas) + 4 EL Einlegesud
200 g Räuchertofu*
3 Tomaten
120 g gelbe Linsen
Salz

* *aus dem Bio- oder Asienladen*

1 Die Paprikaschoten waschen, halbieren, putzen und in Würfel schneiden. Die Möhren schälen, putzen und in Scheiben schneiden. Den Kürbis schälen (Hokkaido nur waschen) und von Kernen und Fasern befreien. Das Fruchtfleisch in Scheiben schneiden. Die Zwiebel schälen und klein würfeln. Den Knoblauch schälen und in Scheibchen schneiden. Die getrockneten Tomaten abtropfen lassen und klein würfeln.

2 Im Suppentopf das Öl erhitzen. Paprika, Möhren, Kürbis, Zwiebel und Knoblauch zusammen mit Paprikapulver und Kreuzkümmel dazugeben und dünsten, bis die Zwiebelwürfel glasig sind. Die Gemüsebrühe und den Peperonisud angießen und aufkochen. Alles offen bei mittlerer Hitze ca. 8 Min. kochen.

3 Inzwischen den Tofu in kleine Würfel schneiden. Die Tomaten waschen und ohne Stielansätze würfeln. Alles zusammen mit den Linsen in den Eintopf geben und diesen offen weitere 8–10 Min. kochen. Mit Salz abschmecken und zusammen mit den eingelegten Peperoni servieren.

MEINE AROMA- UND BEILAGENTIPPS

*Noch pikanter wird der Eintopf, wenn Sie ihn zusätzlich mit türkischen **Chiliflocken** (Pul biber) würzen und (für Nicht-Veganer) mit **zerbröckeltem Schafskäse** bestreuen. Auch **entsteinte grüne Oliven** machen sich gut darin. Dazu schmeckt immer türkisches **Fladenbrot.***

Couscous-Gemüse-Eintopf

FÜR 4 PERSONEN
Zubereitungszeit: ca. 35 Min.
Pro Portion: ca. 320 kcal,
10 g EW, 11 g F, 42 g KH

300 g Möhren
200 g breite grüne Bohnen
200 g Lauch | 1 Zwiebel
1–2 Knoblauchzehen
8 Backpflaumen ohne Stein
1–2 kleine frische rote Chilischoten
4 EL Olivenöl
2 Lorbeerblätter
1–2 EL mildes Currypulver
1 TL gemahlener Kreuzkümmel
1 l Gemüsebrühe (s. Grundrezept S. 24 oder Instant)
1 Dose weiße Riesenbohnen (425 ml)
100 g Couscous | Salz

1 Möhren schälen, putzen und in Scheiben schneiden. Bohnen waschen und ohne die Enden mundgerecht schneiden. Den Lauch putzen und in Ringe schneiden, diese waschen. Zwiebel und Knoblauch schälen, die Zwiebel würfeln, den Knoblauch in Scheibchen schneiden. Die Backpflaumen vierteln. Die Chilis waschen, putzen und in schmale Ringe schneiden.

2 Im Suppentopf das Öl erhitzen. Alle zerkleinerten Zutaten und den Lorbeer hineingeben. Mit Currypulver und Kreuzkümmel bestäuben, umrühren und alles offen 2 Min. dünsten. Brühe angießen und aufkochen. Offen bei mittlerer Hitze 8 Min. kochen.

3 Die Riesenbohnen in ein Sieb abgießen und mit dem Couscous unter das Gemüse rühren. Nochmals aufkochen und offen weitere 2 Min. kochen, dann zugedeckt 5 Min. ziehen lassen. Mit Salz abschmecken.

MEINE TAUSCHTIPPS

*In Sachen **Gemüse** lässt sich der Eintopf je nach Vorliebe und Saison variieren – z. B. mit Blumenkohl, Paprikastreifen, Pilzen, Weißkohl, Fenchel oder Rosenkohl. Wer eine **cremigere Konsistenz** schätzt und etliche Kalorien mehr nicht scheut, kann 400 ml Gemüsebrühe durch ebenso viel **ungesüßte Kokosmilch** ersetzen.*

Bulgur mit Spinat

und Joghurtsauce

Im Orient geht die Kombination aus tomatenfruchtigem Bulgur, zartem Blattspinat und Spiegelei durchaus als Frühstück durch. Anderswo schmeckt sie aber auch herrlich zu einem Glas kühlem Weißwein und einem goldenen Sonnenuntergang …

FÜR 4 PERSONEN
Zubereitungszeit: ca. 35 Min.
Pro Portion: ca. 485 kcal,
18 g EW, 25 g F, 43 g KH

5 Tomaten | 2 Zwiebeln
2 Knoblauchzehen
6 EL Olivenöl
180 g Bulgur
1 EL Tomatenmark
500 ml kräftige Gemüsebrühe
Salz | Pfeffer
500 g junger Spinat
4 Eier
150 g Sahnejoghurt

1 Die Tomaten waschen und halbieren, die Stielansätze entfernen und das Fruchtfleisch in Würfel schneiden. Die Zwiebeln schälen. 1 Zwiebel würfeln, die andere in Ringe schneiden. Den Knoblauch schälen und in Scheibchen schneiden.

2 In einem Topf 3 EL Olivenöl erhitzen und die Zwiebelwürfel und die Hälfte des Knoblauchs darin glasig dünsten. Den Bulgur dazugeben und das Tomatenmark unterrühren. Die Tomatenwürfel und die Brühe dazugeben, alles aufkochen, dann salzen und pfeffern. Noch ca. 1 Min. offen kochen, dann vom Herd nehmen und zugedeckt ca. 15 Min. ziehen lassen.

3 Inzwischen den Spinat verlesen, waschen und gut trocken schleudern. In einem Topf 1 EL Olivenöl erhitzen und die Zwiebelringe und den übrigen Knoblauch darin glasig dünsten. Dann den Spinat dazugeben und unter Rühren zusammenfallen lassen. Mit Salz und Pfeffer abschmecken, dann warm stellen.

4 In einer beschichteten Pfanne das übrige Öl erhitzen, die Eier hineinschlagen, bei mittlerer Hitze in ca. 5 Min. zu Spiegeleiern braten und salzen.

5 Den Spinat abtropfen lassen. Den Joghurt mit etwas Salz cremig rühren. Den Tomatenbulgur mit einer Gabel auflockern, dann auf vorgewärmte Teller verteilen und mit dem Spinat anrichten. Je 1 Spiegelei dazugeben und den Joghurt dazu reichen.

MEINE AROMATIPPS

Zusätzlich mit etwas ***Currypulver*** *oder* ***gemahlenem Kreuzkümmel*** *abgeschmeckt, bekommt der Bulgur eine noch deutlichere Orientnote.*
Wer's gern etwas schärfer mag, kann den Bulgur zusätzlich mit ***Chiliflocken*** *(Pul biber) oder* ***rosenscharfem Paprikapulver*** *würzen.*

Wird im Orient gerne schon morgens gegessen.

Seitan-Döner mit Tomatenbulgur und Salat

FÜR 4 PERSONEN
Zubereitungszeit: ca. 35 Min.
Pro Portion: ca. 535 kcal,
24 g EW, 30 g F, 38 g KH

2 weiße Zwiebeln
2 Knoblauchzehen | 10 EL Olivenöl
150 g Bulgur | 1 EL Tomatenmark
500 ml Gemüsebrühe
Salz | Pfeffer | 3 Tomaten
1/2 Bio-Salatgurke

1 rote Zwiebel | 4 Stängel Dill
1 EL Weißweinessig
300 g Seitan *
150 g Naturjoghurt (10 % Fett)

* *aus dem Bio- oder Asienladen*

1 Für den Bulgur 1 weiße Zwiebel und 1 Knoblauchzehe schälen und würfeln. In einem Topf 3 EL Öl erhitzen und beides darin glasig dünsten. Bulgur und Tomatenmark unterrühren, Brühe angießen und aufkochen. Salzen, pfeffern und offen 1 Min. weiterkochen. Vom Herd nehmen und zugedeckt 15 Min. ziehen lassen.

2 Für den Salat die Tomaten waschen und ohne Stielansätze und Kerne klein würfeln. Gurke waschen, rote Zwiebel schälen und beides würfeln. Dill waschen, trocken schütteln, von den Stielen zupfen und hacken. Den Salat mit Essig, 3 EL Öl, Salz und Pfeffer anmachen.

3 Den Seitan mundgerecht schneiden. Übrige weiße Zwiebel schälen und in Ringe schneiden, zweite Knoblauchzehe schälen und würfeln. In einer Pfanne das restliche Öl erhitzen und den Seitan darin goldbraun braten. Zwiebeln und Knoblauch 2 Min. mitbraten.

4 Den Joghurt mit etwas Salz cremig rühren. Den Bulgur mit einer Gabel auflockern und mit Seitan und Salat auf Tellern anrichten. Den Joghurt dazu reichen.

MEINE AROMATIPPS

Für eine noch würzigere Variante können Sie den Seitan in der Pfanne zusätzlich mit ***1 Msp. gemahlenem Kreuzkümmel*** *und mit* ***Chiliflocken*** *(Pul biber) würzen.*
Für eine fruchtige Bulgurvariante ersetzen Sie ein Drittel der Brühe durch ***Orangensaft.***
Und statt mit Dill können Sie den Tomaten-Gurken-Salat auch mit ***gehackter Petersilie*** *zubereiten.*

Schnelle Feta-Ajvar-Pizza

FÜR 2 PERSONEN
Zubereitungszeit: ca. 15 Min.
Pro Portion: ca. 800 kcal,
26 g EW, 46 g F, 68 g KH

- 2 EL Pinienkerne
- 1 rote Zwiebel
- 200 g Schafskäse (Feta)
- 4 Tortilla-Weizenfladen (Fertigprodukt)
- 4 EL Ajvar (türkisches Paprikamus; aus dem Glas)
- 4 EL Olivenöl
- Salz | Pfeffer
- 2 Stängel Basilikum

1 Den Backofen auf 220–250° vorheizen. In einem Pfännchen ohne Fett die Pinienkerne goldbraun rösten. Die Zwiebel schälen und in Ringe schneiden, den Schafskäse abtropfen lassen und würfeln.

2 Die Tortillafladen nebeneinander auf die Arbeitsfläche legen. Jeweils mit 1 EL Ajvar bestreichen und mit je einem Viertel von Schafskäse, Zwiebelringen und Pinienkernen bestreuen. Den Belag mit je 1 EL Olivenöl beträufeln und mit Salz und Pfeffer würzen.

3 Nacheinander je 2 Tortilla-Pizzen im heißen Backofen (Mitte) in 2–4 Min. goldbraun backen.

4 Das Basilikum waschen und trocken schütteln, die Blätter abzupfen und unmittelbar vor dem Servieren auf die Pizzen streuen.

Falafeln

mit Paprika-Zwiebel-Salat

Der Imbissklassiker ist auch in der Hausmacherversion ungemein würzig und lohnt das lange Einweichen. Die knusprigen Bällchen kommen in Begleitung von Spitzpaprikasalat und erfrischendem Minzejoghurt auf den Tisch. Als Reiseproviant oder Bürosnack schmecken die Bällchen auch kalt.

FÜR 4 PERSONEN
Einweichen: 12 Std. (über Nacht)
Zubereitungszeit: ca. 45 Min.
Pro Portion: ca. 465 kcal,
14 g EW, 23 g F, 48 g KH

250 g getrocknete Kichererbsen
1 Bund Petersilie
2 kleine Zwiebeln
1 Knoblauchzehe
1/2 TL Kreuzkümmelsamen
1 TL edelsüßes Paprikapulver
1 TL Backpulver | Salz
2–3 grüne und rote Spitzpaprikaschoten
1 EL Zitronensaft
4 EL Olivenöl
Pfeffer
2 Stängel Minze
250 g Sahnejoghurt

Außerdem:
Fritteuse oder hoher Topf
ca. 750 ml neutrales Pflanzenöl zum Frittieren

1 Die Kichererbsen ca. 12 Std. in reichlich kaltem Wasser einweichen. Danach in einem Sieb abtropfen lassen. Die Petersilie waschen, trocken schütteln und mitsamt den Stielen grob zerkleinern. Die Hälfte der Kichererbsen und die Petersilie im Blitzhacker oder in einem Mixbecher zu einer grünen Masse pürieren.

2 Die Zwiebeln und den Knoblauch schälen. 1 Zwiebel sowie den Knoblauch grob in Würfel schneiden und in einer Schüssel mit den übrigen Kichererbsen, Kreuzkümmelsamen und Paprikapulver fein pürieren. Das Backpulver mit 1 TL warmem Wasser glatt rühren und mit in die Schüssel geben; ebenso die grüne Kichererbsenmasse. Alles zu einem homogenen Teig verkneten. Diesen salzen und 20 Min. ruhen lassen.

3 Inzwischen für den Salat die restliche Zwiebel in dünne Streifen schneiden. Die Paprikaschoten waschen, halbieren, putzen und in Streifen schneiden. Beides in einer Schüssel mit dem Zitronensaft und dem Olivenöl mischen, salzen und pfeffern.

4 Die Minze waschen und trocken schütteln, die Blätter abzupfen, fein hacken und zusammen mit etwas Salz unter den Joghurt rühren.

5 Aus der Kichererbsenmasse 20 flache Bällchen formen. In der Fritteuse oder dem hohen Topf das Öl auf 175° erhitzen. Die Temperatur prüfen: An einem eingetauchten Holzkochlöffelstiel sollen Bläschen aufsteigen. Die Bällchen portionsweise im Öl goldbraun backen. Auf Küchenpapier entfetten und zusammen mit dem Salat und dem Minzejoghurt servieren.

MEIN TAUSCHTIPP

*Statt mit dem Minzejoghurt können Sie die Bällchen nach Belieben auch mit **Kräuterquark** oder verschiedenen **Dips** und **Grillsaucen** servieren.*

Pilze und Aubergine

auf grünen Bohnen

Eine Köstlichkeit aus 1001 Nacht – wie gemacht für anspruchsvolle Gäste: Auberginen und Pilze werden erst angebraten, anschließend mit Tomaten und Gewürzen im Wok geschmort und dann auf grüne Bohnen gebettet.

FÜR 4 PERSONEN
Zubereitungszeit: ca. 25 Min.
Pro Portion: ca. 425 kcal,
12 g EW, 21 g F, 45 g KH

200 g griechische Reiskornnudeln (Kritharaki; s. Tipp)
Salz
350 g breite grüne Bohnen
200 g gemischte Pilze
1 Aubergine
2 Tomaten
1 Knoblauchzehe
4 Frühlingszwiebeln
4 Stängel Petersilie
1 Stängel Minze
8 EL Olivenöl
1/2 TL Kreuzkümmelsamen
1/2–1 TL grob gemahlener schwarzer Pfeffer
1 Lorbeerblatt

1 Die Kritharaki nach Packungsangabe in kochendem Salzwasser zugedeckt bissfest garen. Inzwischen die Bohnen waschen, putzen und in kochendem Salzwasser zugedeckt bei mittlerer Hitze ca. 12 Min. garen.

2 Inzwischen die Pilze trocken abreiben, putzen und mundgerecht schneiden. Die Aubergine waschen, putzen und würfeln. Die Tomaten waschen und würfeln, dabei die Stielansätze entfernen. Den Knoblauch schälen und in Scheibchen schneiden. Die Frühlingszwiebeln waschen, putzen und in Ringe schneiden.

3 Die Petersilie und die Minze waschen und trocken schütteln, jeweils die Blätter von den Stängeln abzupfen und separat fein hacken.

4 Im Wok oder in einer großen Pfanne 6 EL Öl stark erhitzen und die Pilze und die Auberginenwürfel darin goldbraun braten. Die Tomaten, den Knoblauch und die Frühlingszwiebeln sowie Petersilie, Kreuzkümmel, Pfeffer und Lorbeerblatt unterheben und alles 2 Min. unter Rühren schmoren, dann mit Salz würzen.

5 Die Reiskornnudeln in ein Sieb abgießen, abtropfen lassen und zum Servieren in eine Schüssel oder in Schälchen geben. Die Bohnen ebenfalls ins Sieb abgießen und kurz abtropfen lassen.

6 Die Bohnen heiß mit der Minze und dem restlichen Öl mischen und mit Salz würzen. Die Bohnen auf die Teller verteilen und das Auberginen-Pilz-Gemüse daraufgeben. Zusammen mit den Nudeln servieren.

MEINE TAUSCH- UND BEILAGENTIPPS

***Kritharaki,** die griechischen Nudeln im Reiskorn-Miniformat, finden Sie im gut sortierten Supermarkt; falls nicht, können Sie als Beilage **Reis** servieren. Ebenfalls gut zu den Nudeln und dem Gemüse passen **Fladenbrot** und (für Nicht-Veganer) **leicht gewürzter griechischer Joghurt** sowie etwas **zerbröckelter Schafskäse** (Feta).*

Orientexpress für Pilze: abenteuerlich schnell.

Gebratene Möhren

mit Mandelbulgur

Süß-pfeffrig kommen die Möhren aus der Bratpfanne, Fenchelsamen unterstützen den Eigengeschmack der Wurzeln perfekt. Dazu gibt's nussigen Bulgur mit vielen Kräutern und gerösteten Salzmandeln sowie einen kühlenden Kräuter-Joghurt.

FÜR 4 PERSONEN
Zubereitungszeit: ca. 30 Min.
Pro Portion: ca. 515 kcal,
10 g EW, 29 g F, 49 g KH

2 Bund junge, fingerdicke Möhren (ca. 20 Stück)
8 EL Olivenöl
1 TL Fenchelsamen
Salz | Pfeffer
1 Prise Zucker
1 Zwiebel
1 Knoblauchzehe

150 g Bulgur
500 ml Gemüsebrühe (s. Grundrezept S. 24 oder Instant)
1 Stängel Minze
2 Stängel Petersilie
2 Stängel Basilikum
200 g Sahnejoghurt
30 g gesalzene geröstete Mandeln

1 Das Grün der Bundmöhren jeweils bis auf einen kurzen Schopf abschneiden. Dann die Möhren waschen, schälen und putzen. In einer großen Pfanne oder einem Bräter 6 EL Olivenöl erhitzen und die Möhren darin bei schwacher Hitze ca. 10 Min. braten. Während der Garzeit ab und zu wenden.

2 Die Fenchelsamen im Mörser leicht andrücken und zu den Möhren geben. Alles mit Salz und Pfeffer würzen und weitere 5 Min. braten. Mit dem Zucker bestreuen und die Möhren warm stellen.

3 Inzwischen für den Bulgur die Zwiebel und den Knoblauch schälen, die Zwiebel klein würfeln, den Knoblauch in Scheibchen schneiden. In einem Topf das restliche Olivenöl erhitzen, Zwiebel und Knoblauch darin glasig dünsten. Zuerst den Bulgur, dann die Brühe unterrühren. Salzen, pfeffern, aufkochen und 1 Min. weiterkochen. Vom Herd nehmen und den Bulgur zugedeckt ca. 12 Min. quellen lassen.

4 Die Kräuter waschen und trocken schütteln, die Blätter separat abzupfen. Die Minzeblätter hacken, die Blätter von Petersilie und Basilikum ganz lassen. Den Sahnejoghurt salzen und die Minze darunterrühren.

5 Die Salzmandeln grob hacken und unter den Bulgur mischen. Diesen mit den Möhren und dem Minzejoghurt auf Tellern anrichten. Die Portionen mit den Kräuterblättern bestreuen und sofort servieren.

MEINE TAUSCHTIPPS

*Eine fruchtige Geschmacksnote mit etwas Säure bekommt der Bulgur, wenn Sie die Hälfte der Gemüsebrühe durch **Orangensaft** ersetzen. Noch mehr nach Morgenland schmeckt er mit **1 Prise gemahlenem Kreuzkümmel** oder **1–3 TL Currypulver**.*
*Das Möhrengemüse können Sie statt mit Zucker auch mit **1 EL Honig** oder **Agavendicksaft** süßen.*
*Und die Salzmandeln lassen sich durch **geröstete Erdnuss-** oder **Cashewkerne** ersetzen.*

Gefüllte Paprikaschoten
in Tomatensauce

Ein deutscher Küchenklassiker – hier in eleganter Morgenland-Version: Prall mit saftigem Aprikosen-Couscous gefüllt, baden die Spitzpaprikaschoten in würziger Tomatensauce, und aus dem Backofen duftet es köstlich nach Curry.

FÜR 2 PERSONEN
Zubereitungszeit: ca. 55 Min.
Pro Portion: ca. 1085 kcal,
33 g EW, 56 g F, 107 g KH

1 rote Zwiebel
1 Knoblauchzehe
6 getrocknete Aprikosen
2 EL neutrales Pflanzenöl
1 EL Currypulver
250 ml Asiabrühe (s. Grundrezept S. 178; ersatzweise Gemüsebrühe)
80 g Couscous
Salz | Pfeffer
4 EL Sonnenblumenkerne
60 g Schafskäse (Feta)
425 ml Tomatensauce (Fertigprodukt oder s. Grundrezept S. 90)
4 grüne Spitzpaprikaschoten
4–8 Papadams (Linsenfladen)*
150 g Sahnejoghurt
4 Stängel Petersilie

Außerdem:
große Auflaufform
hoher Topf oder Fritteuse
500 ml neutrales Pflanzenöl zum Frittieren

* *aus dem Asien- oder Orientladen*

1 Die Zwiebel schälen und klein würfeln, den Knoblauch schälen und in Scheibchen schneiden. Die Aprikosen klein würfeln. In einem Topf die 2 EL Öl erhitzen und die Zwiebel, den Knoblauch und die Aprikosen darin glasig andünsten, dann das Currypulver unterrühren. Mit der Asiabrühe ablöschen, aufkochen, den Couscous einrühren und das Ganze nochmals aufkochen. Salzen, pfeffern und zugedeckt auf der ausgeschalteten Herdplatte ca. 7 Min. quellen lassen.

2 Inzwischen in einem Pfännchen ohne Fett die Sonnenblumenkerne hellbraun rösten, dann abkühlen lassen. Den Schafskäse abtropfen lassen und zerbröckeln. Die Hälfte von Feta und den Sonnenblumenkernen unter den Couscous rühren.

3 Den Ofen auf 200° vorheizen. In der Auflaufform die Tomatensauce verteilen. Die Paprikaschoten waschen und halbieren. Die Hälften von den hellen Innenwänden und Kernen befreien und innen salzen.

4 Die Paprikahälften mit dem Couscous füllen und in die Form setzen. Alles mit den übrigen Sonnenblumenkernen und dem restlichen Feta bestreuen. Im heißen Backofen (Mitte) 20–25 Min. garen, bis die Oberfläche leicht gebräunt ist.

5 Inzwischen in dem hohen Topf das Frittieröl erhitzen. Die Temperatur prüfen: An einem eingetauchten Holzkochlöffelstiel sollen Bläschen aufsteigen. Die Papadams nach Packungsangabe im Öl einzeln knusprig frittieren. Jeweils mit der Schaumkelle herausheben und auf Küchenpapier abtropfen lassen.

6 Den Sahnejoghurt mit etwas Salz cremig rühren. Die Petersilie waschen und trocken schütteln, die Blätter abzupfen und hacken. Die Paprikahälften aus dem Ofen nehmen, jeweils etwas Joghurt und Tomatensauce dazugeben und mit Petersilie bestreuen. Die Papadams als Schalen verwenden oder dazu reichen.

Currykartoffeln mit Kichererbsen

FÜR 2 PERSONEN
Zubereitungszeit: ca. 30 Min.
Pro Portion: ca. 775 kcal,
20 g EW, 40 g F, 66 g KH

500 g festkochende Kartoffeln
500 ml Gemüsebrühe (s. Grundrezept S. 24 oder Instant)
1–2 EL mildes Currypulver
6 EL Olivenöl
Salz

2 rote Zwiebeln
1–2 frische rote Chilischoten
4 EL geröstete Cashewkerne
1 Dose Kichererbsen (425 ml)
500 g Wurzelspinat
100 g Sahnejoghurt

1 Die Kartoffeln schälen und vierteln oder achteln. In einem großen Topf die Brühe aufkochen und die Kartoffelstücke, das Currypulver und 2 EL Öl dazugeben, dann mit Salz würzen. Die Kartoffeln bei mittlerer Hitze zugedeckt in 10–12 Min. bissfest garen.

2 Inzwischen die Zwiebeln schälen, die Chilischoten waschen und putzen. Beides in schmale Ringe schneiden. In einer Pfanne das übrige Öl erhitzen und die Zwiebeln darin bei mittlerer Hitze 4 Min. braten.

3 Die Cashewnüsse grob hacken und zusammen mit den Chiliringen zu den Zwiebeln geben. Alles weitere 2 Min. braten, dann mit Salz würzen.

4 Die Kichererbsen in ein Sieb abgießen und abtropfen lassen. Den Spinat verlesen, gründlich waschen und gut trocken schleudern.

5 Die Kichererbsen und den Spinat zu den Brühkartoffeln geben und unterheben. Alles 4 Min. weitergaren; mehrmals wenden. Mit Salz abschmecken.

6 Den Sahnejoghurt mit etwas Salz cremig rühren. Das Kartoffelgemüse auf vorgewärmte tiefe Teller verteilen, mit dem Zwiebelgemüse und dem Joghurt anrichten und sofort servieren.

MEIN PRAXISTIPP

Wurzelspinat *muss mehrmals gründlich gewaschen werden; außerdem sollten Sie die dickeren Stiele entfernen. Schneller geht es mit jungem Spinat oder* ***Babyspinat*** *– der muss nur einmal gewaschen und nicht mehr aufwändig geputzt werden. Allerdings schmeckt Wurzelspinat aromatischer.*

Rote Bohnen in Tomatensauce

FÜR 2 PERSONEN
Zubereitungszeit: ca. 30 Min.
Pro Portion: ca. 1085 kcal,
23 g EW, 60 g F, 112 g KH

200 g Basmatireis
Salz | 1 rote Zwiebel
1 Knoblauchzehe
1 Dose Kidneybohnen (425 ml)
6 EL Olivenöl | Pfeffer
425 ml Tomatensauce (Fertigprodukt oder s. Grundrezept S. 90)
4 Tomaten | 1 Bund Petersilie
1 Avocado
1 EL Weißweinessig

1 Den Reis nach Packungsangabe in kochendem Salzwasser zugedeckt garen. Inzwischen die Zwiebel schälen und halbieren, eine Hälfte in kleine Würfel, die andere in schmale Streifen schneiden. Die Knoblauchzehe schälen und klein würfeln. Die Bohnen in ein Sieb abgießen und abtropfen lassen.

2 In einer Pfanne 3 EL Olivenöl erhitzen und die Zwiebel- und Knoblauchwürfel darin glasig dünsten. Die Bohnen unterrühren. Die Tomatensauce dazugeben, alles aufkochen, salzen, pfeffern und offen 2 Min. köcheln lassen. Dann warm stellen.

3 Für den Salat die Tomaten waschen und achteln, dabei die Stielansätze entfernen. Die Petersilie waschen und trocken schütteln, die Blätter klein zerzupfen. Die Avocado halbieren. Den Kern entfernen und mit einem Löffel das Fruchtfleisch aus der Schale heben. Dann in schmale Spalten schneiden und in eine Schüssel geben. Mit Zwiebeln, Tomaten und Essig sowie dem übrigen Öl mischen, salzen und pfeffern.

4 Den heißen Basmatireis mit den Bohnen und dem Tomaten-Avocado-Salat servieren.

MEINE AROMA- UND TAUSCHTIPPS

*Die Bohnen und die Sauce vertragen gut ein Quäntchen Schärfe – z. B. mit **Chiliflocken** oder **Tabasco**.*
*Den Tomatensalat können Sie nicht nur mit Petersilie kräuterfrisch machen, sehr gut schmeckt er auch mit frisch gehacktem **Koriandergrün** oder **Basilikum**.*
*Und statt der roten Zwiebel können Sie **2 in Ringe geschnittene Frühlingszwiebeln** unterheben.*

Seitan-Gulasch

mit Aprikosen-Linsen-Reis

Osteuropa, mittlerer und ferner Osten in einem Crossover-Rezept. Die Grundidee aus Ungarn – hier mit neuen Zutaten und orientalisch gewürzt: mit Curry und Chili. Dazu gibt es Linsen-Reis, dem süße Aprikosen zusätzlich eine fruchtige Note verleihen.

FÜR 2 PERSONEN
Zubereitungszeit: ca. 30 Min.
Pro Portion: ca. 630 kcal, 39 g EW, 13 g F, 85 g KH

Für den Aprikosen-Linsen-Reis:
120 g Basmatireis | Salz
5–6 getrocknete Aprikosen
40 g gelbe Linsen

Für das Seitan-Gulasch:
250 g gemischte Pilze
200 g Seitan*
1 rote Zwiebel | 2 Knoblauchzehen
2 EL neutrales Pflanzenöl
1 EL Tomatenmark
1 TL Currypulver
1 Msp. Chiliflocken
1/2 TL Fenchelsamen
2 Lorbeerblätter | 3 Tomaten
200 ml Asiabrühe (s. unten; ersatzweise Gemüsebrühe) | Salz

* *aus dem Bio- oder Asienladen*

1 Den Reis nach Packungsanweisung in kochendem Salzwasser zugedeckt garen. Die Aprikosen klein würfeln. 5 Min. vor Garzeitende Linsen und Aprikosenwürfel auf den Reis geben und das Ganze warm halten.

2 Die Pilze trocken abreiben und putzen. Die Pilze und den Seitan mundgerecht schneiden. Die Zwiebel und die Knoblauchzehen schälen, Zwiebel in Streifen, Knoblauch in Scheibchen schneiden.

3 Im Wok oder in einer großen Pfanne das Öl erhitzen. Pilze, Seitan und Zwiebeln darin hellbraun braten. Dann Knoblauch, Tomatenmark, Currypulver, Chiliflocken, Fenchelsamen und Lorbeerblätter dazugeben und alles 3 Min. schmoren.

4 Die Tomaten waschen, ohne Stielansätze in Würfel schneiden und in den Wok geben. Alles weitere 3 Min. schmoren. Die Asiabrühe angießen, alles aufkochen, dann salzen. Den Aprikosen-Linsen-Reis durchmischen und mit dem Seitan-Gulasch servieren.

MEINE TAUSCH- UND AROMATIPPS

*Statt mit Trockenaprikosen können Sie den Reis auch mit **Sultaninen** oder **Rosinen** zubereiten.*
*Als Kräutertopping aufs fertige Gericht passt **frisch gehacktes Koriandergrün.***

GRUNDREZEPT: ASIABRÜHE

*Für ca. 2 l Asiabrühe **40 g frischen Ingwer** und **1 Knoblauchzehe** schälen und zusammen mit ca. **500 g sauberen Gemüseresten** (z. B. Möhrenschalen, Gemüseabschnitte und Kräuterstängel; ersatzweise Suppengrün, gewaschen, geputzt, zerkleinert) sowie **2 Stück Sternanis, 1 TL Fenchelsamen** und **1/2–1 frischen roten Chilischote** in einen großen Topf geben. Mit **2 l kaltem Wasser** auffüllen und **3 EL Sojasauce** dazugeben.*
Alles bei schwacher Hitze langsam aufkochen, dann zugedeckt ca. 10 Min. leise köcheln lassen. Vom Herd nehmen und abkühlen lassen. Die Brühe durch ein feines Sieb seihen. In Schraubgläsern im Kühlschrank hält sie sich ca. 4 Tage, eingefroren mehrere Monate.

Duo-Kartoffelcurry

mit Minipaprikas

FÜR 4 PERSONEN
Zubereitungszeit: ca. 30 Min.
Pro Portion: ca. 550 kcal,
8 g EW, 43 g F, 34 g KH

400 g Süßkartoffeln
300 g vorwiegend festkochende Kartoffeln
1 Zwiebel | 1 Knoblauchzehe
20 g frischer Ingwer
8 EL Olivenöl
2 EL Currypulver

1 Dose ungesüßte Kokosmilch (400 ml)
Salz | Pfeffer
150 g Pimientos de Padrón (kleine Bratpaprika)
1/2 Bund glatte Petersilie
2 EL gesalzene geröstete Mandeln

1 Die Süßkartoffeln und die Kartoffeln schälen und in mundgerechte Würfel schneiden. Die Zwiebel schälen und würfeln. In einem Wok oder einer Pfanne 5 EL Öl erhitzen und die Kartoffel- und Zwiebelwürfel darin bei schwacher Hitze 10 Min. braten.

2 Inzwischen Knoblauch und Ingwer schälen. Knoblauch in Scheibchen schneiden, Ingwer fein reiben. Die Kartoffeln mit dem Currypulver bestäuben, den Knoblauch und den Ingwer unterrühren, dann die Kokosmilch und 150 ml Wasser dazugeben. Umrühren, aufkochen und offen in 8–10 Min. dicklich einkochen. Mit Salz und Pfeffer abschmecken und warm stellen.

3 Inzwischen die Pimientos waschen und trocken tupfen. In einer zweiten Pfanne das übrige Öl erhitzen. Die unzerkleinerten Pimientos darin bei mittlerer Hitze unter Wenden 3–5 Min. braten, dann salzen.

4 Die Petersilie waschen und trocken schütteln, die Blätter grob hacken. Die Mandeln ebenfalls grob hacken. Das Curry in vorgewärmten Schalen mit den Pimientos anrichten, mit der Petersilie und den Salzmandeln bestreuen und sofort servieren.

Gebratener Brokkoli

auf Kürbisstampf

FÜR 4 PERSONEN
Zubereitungszeit: 30 Min.
Pro Portion: ca. 265 kcal, 6 g EW, 16 g F, 19 g KH

- 200 g mehligkochende Kartoffeln
- 600 g Butternut-Kürbis (geputzt ca. 450 g)
- Salz | 450 g Brokkoli
- 1 rote Zwiebel
- 6 EL Olivenöl
- 2 EL gesalzene geröstete Cashewkerne
- 1 EL Rosinen
- Pfeffer
- 20 g frischer Ingwer
- 1 Knoblauchzehe

1 Die Kartoffeln schälen. Den Kürbis schälen und von Kernen und Fasern befreien. Beides grob würfeln und in kochendem Salzwasser zugedeckt 12–15 Min. garen.

2 Den Brokkoli waschen, putzen, in kleine Röschen teilen und diese halbieren. Den Strunk mit dem Sparschäler schälen und quer in Scheiben schneiden. Die Zwiebel schälen und in Streifen schneiden.

3 In einer Pfanne 4 EL Öl erhitzen und den Brokkoli und die Zwiebeln darin bei mittlerer Hitze ca. 12 Min. braten. Die Cashewkerne grob hacken und zusammen mit den Rosinen zum Kohl geben. Alles weitere 2 Min. braten. Mit Salz und Pfeffer würzen und warm stellen.

4 Den Ingwer schälen und fein reiben. Den Knoblauch schälen. Kürbis und Kartoffeln in ein Sieb abgießen, kurz abtropfen lassen und in eine Schüssel füllen. Ingwer sowie übriges Olivenöl dazugeben und den Knoblauch dazupressen. Alles mit einem Kartoffelstampfer zu Brei stampfen und mit Salz würzen.

5 Den Kürbisstampf auf Schalen verteilen und das Brokkoligemüse jeweils daraufgeben.

Auf Salz gegarte Rote Bete mit Kichererbsencreme

Im Backofen auf einem Bett aus Meersalz gegart, entfalten die Roten Rüben ihren vollen erdigen Geschmack. Ein perfect match *dazu ist die Kichererbsencreme mit Orange, Knoblauch, gerösteteem Sesam und Paprika-Würzöl.*

FÜR 4 PERSONEN
Zubereitungszeit: 1 Std. 10 Min.
Pro Portion: ca. 430 kcal,
10 g EW, 19 g F, 55 g KH

8 kleine Rote Bete (je ca. 200 g)*
400 g grobes Meersalz
6 EL Olivenöl
1 Dose Kichererbsen (850 ml)
1 Orange
1–2 TL Weißweinessig
1 Knoblauchzehe
1 EL edelsüßes Paprikapulver
Salz | Pfeffer
1 Bund Petersilie
1 Msp. rosenscharfes Paprikapulver
1 EL helle Sesamsamen

Außerdem:
kleine Auflaufform oder Bräter

1 Den Backofen auf 220° vorheizen. Die Roten Beten gründlich waschen und abbürsten.

2 Auf dem Boden der Auflaufform das Meersalz verteilen. Die Knollen dünn mit insgesamt 1 EL Öl bepinseln und auf das Salz setzen. Die Rüben im heißen Backofen (Mitte) in 60–70 Min. weich garen.

3 Inzwischen für die Creme die Kichererbsen in ein Sieb abgießen und abtropfen lassen. Die Orange auspressen. Den Saft zusammen mit 1 EL Olivenöl und dem Essig in eine Rührschüssel geben. Den Knoblauch schälen und grob zerkleinern.

4 Knoblauch und 1/2 EL edelsüßes Paprikapulver zu den Kichererbsen geben. Mit dem Pürierstab alles fein pürieren, dann mit Salz und Pfeffer abschmecken.

5 Die Petersilie waschen und trocken schütteln, die Blätter klein zerzupfen. Das restliche Olivenöl mit dem übrigen edelsüßen sowie dem rosenscharfen Paprikapulver verrühren und salzen. In einem Pfännchen ohne Fett die Sesamsamen goldgelb rösten.

6 Die Kichererbsencreme auf Teller verteilen und mit dem Paprika-Würzöl beträufeln.

7 Die Roten Beten aus dem Backofen nehmen und die Haut mit einem Messer abziehen. Die Knollen in Spalten oder Scheiben schneiden und diese auf die Portionen geben. Alles mit den Sesamsamen und der Petersilie bestreuen und sofort servieren.

* *Rote Bete färben stark ab. Beim Verarbeiten sollten Sie deshalb Küchenhandschuhe tragen.*

Geröstete Quinoa
mit Schmorkürbis

Das »Muttergetreide« der Inka gilt als Superkorn mit wertvollem Nährwert, ist aber gar kein Getreide: Es handelt sich vielmehr um die Samen eines Gänsefußgewächses aus den Anden. Das Rösten lässt den nussigen Geschmack prägnant hervortreten.

FÜR 4 PERSONEN
Zubereitungszeit: ca. 35 Min.
Pro Portion: ca. 620 kcal,
14 g EW, 33 g F, 65 g KH

250 g Quinoa* | Salz
1 Dose Kichererbsen (425 ml)
250 g Butternut-Kürbis (geputzt ca. 175 g)
12 Backpflaumen ohne Stein
1 rote Zwiebel
1 Knoblauchzehe
1–2 kleine frische rote Chilischoten
8 EL Olivenöl
1 EL Zucker
300 ml Gemüsebrühe (s. Grundrezept S. 24 oder Instant)
40 g Butter
100 g Babyspinat

* *aus dem Bio-Laden*

1 Die Quinoa in ein feines Sieb geben und mit lauwarmem Wasser gründlich spülen, bis das Wasser klar abfließt. Die Körner nach Packungsangabe in ca. 600 ml kochendem Salzwasser zugedeckt bei mittlerer Hitze ca. 15 Min. garen. Vom Herd nehmen und zugedeckt in 10 Min. ausquellen lassen.

2 Inzwischen die Kichererbsen in ein Sieb abgießen und abtropfen lassen. Das Kürbisstück schälen, die Kerne und Fasern entfernen. Das Fruchtfleisch in schmale Spalten und diese in Scheiben schneiden.

3 Die Backpflaumen in mundgerechte Stücke schneiden. Die Zwiebel schälen und in Streifen schneiden. Die Knoblauchzehe schälen und in Scheibchen schneiden. Die Chilischoten waschen und putzen, dann in schmale Ringe schneiden.

4 In einer Pfanne 2 EL Olivenöl erhitzen. Darin Kürbis, Backpflaumen, Zwiebel, Knoblauch und Chili 3 Min. braten. Mit dem Zucker bestreuen und weiterbraten, bis der Zucker zu karamellisieren beginnt.

5 Die Kichererbsen mit in die Pfanne geben und die Gemüsebrühe dazugießen. Alles aufkochen, dann die Butter unterrühren. Offen 2–3 Min. weiterkochen, dann mit Salz abschmecken und warm stellen.

6 Den Babyspinat verlesen, gründlich waschen und gut trocken schleudern. In einer zweiten Pfanne das übrige Olivenöl erhitzen und die Quinoa darin bei mittlerer Hitze 10 Min. braten. Den Spinat dazugeben und unter Rühren zusammenfallen lassen. Die Beilage mit Salz abschmecken und zusammen mit dem Kürbisgemüse servieren.

MEIN TAUSCHTIPP

Statt mit Butternut-Kürbis lässt sich dieses Gericht auch mit ***Hokkaido*** *zubereiten. Der Vorteil: Er muss nicht geschält, sondern nur gewaschen werden.*

Chili sin Carne

Der Party-Klassiker macht auch fleischlos glücklich – feurig gewürzt mit Chili und Paprika und überraschend abgerundet mit einem Stückchen herber Bitterschokolade. Diesen Würztrick kannten übrigens schon die Erfinder des Gerichts: die alten Azteken.

FÜR 6 PERSONEN
Zubereitungszeit: ca. 45 Min.
Pro Portion: ca. 765 kcal,
23 g EW, 23 g F, 112 g KH

4 festkochende Kartoffeln | Salz
4 bunt gemischte Paprikaschoten
2 Gemüsezwiebeln
2–3 Knoblauchzehen
6 getrocknete Tomaten (in Öl)
1–2 frische rote Chilischoten
4 EL Olivenöl
1 TL Kreuzkümmelsamen
2 EL edelsüßes und 1 TL rosenscharfes Paprikapulver
2 EL Tomatenmark
800 ml Gemüsebrühe (s. Grundrezept S. 24 oder Instant)
1 Dose stückige Tomaten (850 ml)
1–2 EL Zucker | 5 Stängel Petersilie
250 g saure Sahne
6–12 Tortilla-Weizenfladen (Fertigprodukt)
2 Dosen gemischte Bohnen (je 425 ml)
1 Dose Gemüsemais (425 ml)
30 g Bitterschokolade

1 Die Kartoffeln waschen und ungeschält in kochendem Salzwasser zugedeckt in 15–20 Min. bissfest garen. Dann abgießen, kalt abschrecken und abkühlen lassen.

2 Inzwischen die Paprikaschoten waschen, halbieren, putzen und würfeln. Die Zwiebeln schälen und würfeln. Knoblauch schälen und in Scheibchen schneiden. Getrocknete Tomaten abtropfen lassen und würfeln, Chilis waschen, putzen und in Ringe schneiden.

3 In einem großen Bräter oder Topf das Öl erhitzen und Paprika, Zwiebeln, Knoblauch, Trockentomaten und Chili darin hellbraun braten. Kreuzkümmel im Mörser etwas zerdrücken und zusammen mit Paprikapulver und Tomatenmark unter das Gemüse rühren. Alles offen 2 Min. weiterschmoren. Brühe und Dosentomaten dazugeben. Salzen und zuckern, dann bei mittlerer Hitze offen 25 Min. kochen. Ab und zu umrühren.

4 Die Petersilie waschen und trocken schütteln, die Blätter abzupfen. Die saure Sahne leicht salzen und cremig rühren. In einer Pfanne die Tortillas nach Packungsangabe aufbacken.

5 Die Kartoffeln pellen und grob würfeln. Bohnen und Mais in einem Sieb abtropfen lassen und zusammen mit den Kartoffelwürfeln unter das Chili rühren. Alles aufkochen, dann die Schokolade dazugeben und unter Rühren schmelzen. Evtl. mit Salz nachwürzen.

6 Das Chili auf Schalen oder tiefe Teller verteilen, mit der sauren Sahne garnieren, mit Petersilie bestreuen und zusammen mit den Tortillas servieren.

MEINE AROMATIPPS

Noch gehaltvoller wird das Chili mit ***vegetarischem »Hackfleisch«:*** *Dafür* ***200 g Seitan*** *oder* ***Räuchertofu*** *im Blitzhacker grob hacken, in wenig Öl goldbraun braten und unter das Gemüse rühren.*
Das moderat scharfe Chili können Sie nach Geschmack zusätzlich mit ***Tabasco*** *anheizen.*

Register

Die grün gedruckten Seitenzahlen verweisen auf vegane Rezepte.

E

F

G·H

I

J

K

L

M

N

O

P

Q

R

S

T

U

V

W

Z

LEICHTER DURCHS LEBEN
DEIN DIGITALER COACH FÜR MEHR BALANCE
GU BALANCE
www.gu-balance.de
JETZT 10 TAGE KOSTENLOS TESTEN
www.gu-balance.de
BESSER ESSEN
MIT SPASS BEWEGEN
ENDLICH ENTSPANNT
FÜR:

Impressum

Konzept und Projektleitung: Alessandra Redies

Lektorat und Satz: Knipping Werbung GmbH, Berg bei Starnberg

Korrektorat: Ulrike Wagner, Plan W

Layout, Typografie und Umschlaggestaltung:
independent Medien-Design, Horst Moser, München

Illustrationen: Julia Hollweck

Herstellung: Martina Koralewska

Reproduktion: Medienprinzen, München

Druck und Bindung: Firmengruppe APPL, aprinta druck, Wemding

Syndication: www.jalag-syndication.de

1. Auflage 2015 · ISBN 978-3-8338-4316-7

DER AUTOR

Stevan Paul, Jahrgang 1969, lebt in Hamburg. Der gelernte Koch ist als Rezeptentwickler, Foodstylist und Kochbuchautor für Verlage und Redaktionen tätig. Als freier Autor schreibt er kulinarische Texte und Kolumnen für Magazine und Zeitungen. Seit 2008 betreibt er unter *nutriculinary.com* eines der beliebtesten Food-Blogs im deutschsprachigen Raum. www.stevanpaul.de

DER FOTOGRAF

Günter Beer lebt in Barcelona. Er ist Fotograf, Reporter, Chronist. Deutschlands angesehenstes Foodmagazin DER FEINSCHMECKER, für das er seit 16 Jahren fotografiert, schreibt über ihn: »Sein Leben liest sich wie ein Abenteuerroman.« 1982 begleitete er Joseph Beuys beim Projekt *7000 Eichen*, er war in Rio de Janeiro Reporter für das *Jornal do Brasil*, im Bürgerkrieg von Nicaragua Grenzgänger zwischen Sandinisten und Contras. Günter Beer saß im Schlamm der Goldwäscher in Venezuela, berichtete aus Labors der US- Militärs über Entschlüsselung des menschlichen Erbguts, fotografierte Mode in Mexiko, Mallorca und auf dem Matterhorn. Seit 1994 haben die Arbeit an mehr als 40 internationalen Kochbüchern, darunter zwei Bücher mit dem Kochgenie Eckart Witzigmann, sein kulinarisches Auge geschult. 2009 begann er seine eigenen Koch-Buch-Produktionen als B-APPs™ für Smartphone und Tablets herauszugeben. Außerdem ist er Veranstalter und Kurator des internationalen FOODPHOTO FESTIVALS.

Backofenhinweis: Die Backzeiten können je nach Herd variieren. Die Temperaturangaben in unseren Rezepten beziehen sich auf das Backen im Elektroherd mit Ober- und Unterhitze. Die richtige Hitze kann bei Gasherden oder Backen mit Umluft abweichen. Details entnehmen Sie bitte Ihrer Gebrauchsanweisung.

QUALITÄTS G|U GARANTIE

Liebe Leserin, lieber Leser,

haben wir Ihre Erwartungen erfüllt? Sind Sie mit diesem Buch zufrieden? Haben Sie weitere Fragen zu diesem Thema? Wir freuen uns auf Ihre Rückmeldung, auf Lob, Kritik und Anregungen, damit wir für Sie immer besser werden können.

GRÄFE UND UNZER Verlag
Leserservice
Postfach 86 03 13
81630 München
E-Mail:
leserservice@graefe-und-unzer.de

Telefon: 00800 / 72 37 33 33*
Telefax: 00800 / 50 12 05 44*
Mo–Do: 8.00–18.00 Uhr
Fr: 8.00–16.00 Uhr
(gebührenfrei in D, A, CH)*

Ihr GRÄFE UND UNZER Verlag
Der erste Ratgeberverlag – seit 1722.

Bildnachweis: alle Fotos von Günter Beer; außer Autorenporträt S. 4: Daniela Haug; S. 9, 67, 121 und 157: plainpicture.

www.facebook.com/gu.verlag

GRÄFE UND UNZER

Ein Unternehmen der
GANSKE VERLAGSGRUPPE